AF611304

CINQ LETTRES

DE M. DE CORMENIN,

SUR

LA CHARTE, LA PAIRIE

ET

LE POUVOIR CONSTITUANT.

PRIX : 50 C.

PARIS,

Chez SÉTIER, Imprimeur-Libraire, rue de Grenelle
Saint-Honoré, n. 29;

Et chez les Libraires du Palais-Royal.

1832.

LETTRE

SUR

LE POUVOIR CONSTITUANT.

Le discours de la couronne préjuge une question de forme constitutionnelle, de la plus haute gravité.

Est-ce aux deux chambres, ou bien est-ce à la chambre des députés seule, à statuer sur l'hérédité de la pairie ?

Cette question n'en serait pas une si, le lendemain des immortelles journées de juillet, la chambre de 1830 avait fait son devoir.

Quel était ce devoir ?

La chambre, maîtresse accidentelle du terrain, organe provisoire du pays, aurait dû reconnaître et déclarer, à la face du peuple redevenu souverain, l'impuissance de son mandat, et provoquer, par la convocation des assemblées primaires, le libre vœu du dernier habitant du dernier village.

Les assemblées primaires auraient, comme en Belgique, nommé un congrès constituant.

Le congrès constituant aurait fait la charte et organisé la royauté, le ministère, les chambres, les élections et la magistrature.

Cette œuvre accomplie, le congrès se serait dissous.

Les colléges électoraux auraient alors nommé les nouvelles assemblées législatives, et celles-ci auraient entraîné tous les pouvoirs de l'état dans les voies de la révolution de juillet, par l'action mesurée et progressive des lois secondaires.

Ou la souveraineté du peuple est une réalité, et elle voulait tout cela ; ou la souveraineté du peuple ne voulait pas tout cela, et alors elle n'est qu'un vain mot.

Mais, dira-t-on, le vice radical de la charte et l'inconstitutionnalité des pouvoirs de la chambre, n'ont-ils pas été purgés par la consécration populaire du trône de Louis-Philippe ? La chambre, quoique sans mandat, ne s'est-elle pas portée fort au nom et dans l'intérêt du peuple ? N'y a-t-il pas eu ratification ? Cette ratification n'a-t-elle pas été implicite, éclatante, universelle ?

Vous le voulez? Je l'admets.

Admettez alors à votre tour, admettez complètement que la chambre de 1830 a été dans le fait, sinon dans le droit, une véritable assemblée constituante. Elle seule a dressé sa tente sur les terres vacantes de la légitimité; elle seule a proposé Louis-Philippe; elle seule a édifié la charte dans les proportions et avec les matériaux qu'elle a disposés et choisis. Elle a traîné la chambre des pairs à la remorque, comme on traîne après soi un vaincu. Elle a levé sa hache et l'a décimée, et elle pouvait lui donner le coup de la mort. Qui donc se serait levé pour détourner ce coup? Qui eût crié grâce? Les pairs? Ils ne l'auraient pas osé. Le peuple? Cela lui était bien égal.

Je prends donc les choses, non pas à priori, comme les voulait la raison logique, la raison nationale, mais comme la révolution les a faites, ou plutôt les a laissé faire. La chambre des députés, dans l'omnipotence du pouvoir constituant, était libre et pleine maîtresse, au nom du peuple, d'abolir la pairie ou de la refaire. Elle a bien voulu la laisser subsister provisoirement et en partie.

Aujourd'hui la pairie est donc, en quelque sorte, une aîle inachevée de l'édifice constitutionnel. Quelles mains doivent la construire? Evidemment celles qui ont fait le surplus de l'édifice.

Cela est logique, ou il n'y a rien qui le soit au monde.

En vain prétendrait-on que la chambre actuelle n'est que législative. Mais la chambre dissoute, la chambre de Charles X, la chambre des 221, la chambre de la charte octroyée, la chambre des cent écus, la chambre du double vote, s'il vous plaît, qu'était-elle donc, sinon législative?

Dites, si vous voulez, que la chambre actuelle est législative sur tout le reste; mais elle n'est pas législative sur la question réservée de la pairie : là, elle est constituante.

Eh bien, répondrez-vous, la chambre des pairs sera également constituante sur ce point.

Soit; mais commencez par nous faire voir le mandat qu'elle a reçu du peuple.

Si la chambre de 1830, nommée sous le régime de la charte de 1814, et par les électeurs soit des cent écus, soit du double vote, qui ne représentaient pas le peuple, a pu, sans pouvoirs spéciaux des électeurs, ni sans mandat général de la nation, faire toute seule un autre roi et une autre charte, comment la chambre de 1831, élargie et nationalisée par les électeurs de 200 fr., ne pourrait-elle achever toute seule l'œuvre incomplète de la charte du 7 août?

Cette charte a nettement posé dans son article 68 la question future de l'hérédité. Les électeurs l'ont connue, les candidats l'ont étudiée, les journaux l'ont traitée, la nation a parlé par tous ses organes. Il y a eu ici mandat spécial, mandat partiel de constitution.

Ce mandat ressort même de la nature de la question; car il ne s'agit pas ici d'une loi secondaire. Il s'agit d'une loi fondamentale. Il ne s'agit pas seulement de l'hérédité des pairs, thèse futile. Il s'agit du mode de leur nomination, thèse grave.

Ainsi, tout est constituant dans la question, le commencement et la fin, la matière et le pouvoir, la forme et le fond.

En résumé, dans la rigueur du principe, et c'est le mien, il aurait fallu, pour la partie comme pour le tout, un congrès constituant.

A défaut, la chambre des députés seule doit faire, sur ce point réservé, office de congrès.

Peut-être la nation, pressée qu'elle est d'en finir, admettrait même sans être trop choquée de cette anomalie nouvelle, le concours simultané de la chambre des députés et du roi, parce qu'elle les a sanctionnés implicitement tous deux comme pouvoirs définitifs.

Mais le comble de l'inconstitutionnalité serait d'appeler la chambre des pairs à la confection de cette œuvre extraordinaire, soit parce que cette chambre ne peut se juger et se suicider elle-même, soit parce qu'elle n'est l'expression ni directe, ni indirecte, ni prochaine, ni éloignée, de la volonté du peuple, soit parce qu'elle ne constitue, d'après l'art. 68 de la charte, qu'un pouvoir provisoire.

L'organisation finale de la pairie, en la forme même, ne serait pas un acte à promulguer d'après le mode ordinaire des lois, mais un fragment de constitution à insérer dans une édition nouvelle et corrigée de la charte.

Si l'on n'y prend garde, si les chambres instituées pour les matières de législation, s'immiscent dans les matières de constitution, on verra bientôt chaque législature arracher, lambeaux par lambeaux, toutes les pages de la charte.

Je sais bien que depuis quarante ans, c'est à qui des gouvernemens, des chambres et des publicistes, se moquera le plus des principes. Aussi ne fondons-nous rien de solide, et glissons-nous toujours de chute en chute, comme des corps roulans, sur la pente rapide des révolutions.

Il est cependant permis de croire que la chambre des députés à laquelle ne manqueront ni les avertissemens de la presse, ni les réflexions de sa propre sagesse, ni la conscience de son mandat, ne voudra pas trancher cette question aussi lestement que les conseillers de la couronne, et qu'elle en ajournera la solution jusqu'à la présentation de l'acte additionnel sur la pairie.

Je n'ai touché ici que la question de forme; je traiterai le fond plus tard. Mais je ne puis m'empêcher de faire remarquer, dès à présent, combien l'aristocratie a la vie tenace et dure. Autour d'elle, les constitutions tombent, les religions meurent, les rois s'effacent. La colère du peuple souffle pendant trois journées sur une dynastie de huit siècles, et la met en poussière. En un soir, on embarque des empereurs avec leur famille et leurs trésors, sur les vaisseaux de l'exil. En une matinée, on fabrique une charte; mais il faut une année aux plus fortes têtes du pays, pour étudier laborieusement la question de savoir si une aristocratie née d'hier doit recueillir, de génération en génération, dans la succession des siècles, son inexplicable patrimoine de législateur et de juge.

On semble, tant nous sommes légers, attacher à cette question les destinées de l'empire. On en fait l'entretien de la presse, le thème de la session, l'obligation des candidats, le pivot du mandat législatif. Comme si le vent impétueux de juillet n'avait pas balayé les restes de cette aristocratie qui n'était déjà qu'un fantôme! Comme si cent hommes du peuple qui meurent de faim, ne méritaient pas plus d'attention de la part des représentans du peuple, que cent pairs de France qui, dans le sein de l'opulence et des grandeurs, caressent la fantaisie de leur hérédité.

LETTRE DE M. DE CORMENIN.

SUR LA CHARTE ET SUR LA PAIRIE.

Lorsque la chambre de 1830 recousait à la hâte les lambeaux déchirés de la Charte, je me souviens qu'assis sur mon banc solitaire, simple spectateur du drame révolutionnaire qui se jouait devant moi, je voyais au bord de l'horizon poindre et s'amonceler les tempêtes. Elles éclatent aujourd'hui, elles roulent autour de ce frêle édifice, de cette constitution informe, de ce je ne sais quoi qui est suspendu en l'air et qui ne touche ni le ciel par son front, ni la terre par ses racines.

Les êtres organisés périssent lorsqu'ils manquent aux conditions de leur existence. De même, les constitutions politiques meurent, lorsqu'elles manquent à leur principe.

Le principe de la révolution de juillet, c'est la souveraineté du peuple.

Cette souveraineté qui, le reste du temps dort, ne s'éveille, ne se manifeste que dans l'organisation du pacte social. Là, éclate la majesté du peuple; là, parle sa grande voix.

Mais comme 33 millions d'hommes ne peuvent exprimer leur volonté à la fois, quoique chacun d'eux en ait le droit, il leur faut des organes.

Ces organes sont extraordinaires et transitoires, ou ordinaires et perpétuels. Les premiers sont les congrès nationaux qui font les chartes, et les seconds sont les chambres législatives qui font les lois.

Les constitutions doivent précéder les lois : donc les congrès doivent précéder les chambres. Qui nomme les congrès? le peuple. Qui nomme les chambres? les électeurs.

Voilà les vrais principes : passons à leur application.

Le peuple, en France, a-t-il nommé un congrès? Non. Un congrès a-t-il fait la charte? Non. Qui donc l'a faite? quelques députés. Qui leur en avait donné mandat? quelques électeurs. Et les électeurs, qui les avait eux-mêmes nommés? le peuple? Non. Et qui représentaient-ils? le peuple? Non, non.

Je vois bien au commencement de l'œuvre du 7 août, un prétexte de nécessité, et au bout, un silence de soumission. Mais le droit, le droit est mis de côté. Où est en effet le mandat préexistant? où est la ratification expresse? Où et comment le peuple a-t-il constitutionnellement parlé, délégué, approuvé? Où est l'acte de sa souveraineté? Qu'on le montre.

Ceux qui ont reconnu que les pouvoirs de la chambre de 1830 étaient suffisans pour commencer l'édification de la charte, sont conséquens, lorsqu'ils pensent que la chambre de 1831 a des pouvoirs suffisans pour l'achever, en qualité de constituante ou de législative.

Mais ceux qui ont pensé que la chambre de 1830 était destituée de tout pouvoir législatif ou constituant, pour faire un roi et une charte, ceux-là sont conséquens aussi, lorsqu'ils refusent à la chambre de 1831 les pouvoirs de statuer soit législativement, soit constitutionnellement, sur la pairie.

Si un congrès national était nécessaire pour organiser la charte, un congrès national n'est-il pas nécessaire pour organiser une fraction de la charte?

Si la chambre de 1830 a excusé son usurpation sur la souveraineté du peuple, par la nécessité des circonstances, la chambre de 1831 peut-elle alléguer la même nécessité, et si elle ne le peut pas, je ne demanderai point quel droit lui reste, mais même quel prétexte.

En vain, dirait-on, que les électeurs lui ont donné mandat. Un mandat législatif? Oui. Mais un mandat constituant? Non. Peut-on donner ce qu'on n'a pas? Les électeurs sont-ils le peuple? Cent mille citoyens, sont-ils 33 millions d'hommes? Qu'on exhibe les pouvoirs constituans que les électeurs ont reçus du peuple, qu'ils ont reçus de la loi électorale, qui n'avait pas elle-même la puissance de les donner.

Voilà où nous a menés, de conséquence en conséquence, la première violation du principe fondamental! Voilà l'explication du malaise, des marches et contre-marches, des reviremens et des anxiétés des ministres! ils ne savent pas plus où ils vont, qu'ils ne savent d'où ils viennent; à moins qu'ils ne vous disent qu'ils viennent de la charte. Mais demandez-leur d'où vient la charte elle-même, ils ne sauront que répondre. Ils s'égarent, de contradictions en contradictions, dans un défilé sans issue, et ils s'entortillent si bien dans les abstractions usées de leur métaphysique, qu'ils ne peuvent plus s'en démêler.

Ainsi, pour ne tirer nos preuves que du sujet actuel, ils sont pressés par les déductions de la souveraineté du peuple, et ils nous entretiennent des conditions et des nécessités de l'ancienne monarchie. Ils veulent la pondération des pouvoirs, et c'est pour cela qu'ils rempliront leur chambre haute de pairs tout ministériels; ce qui, en se comptant eux-mêmes, fera bien alors deux pouvoirs contre un. Voilà leur pondération! Ils conviennent que la charte ne saurait trop tôt avoir un caractère définitif, et cependant ils l'ont faite si vite, qu'on la dirait provisoire; puis cette charte n'a autorisé dans les lacunes de l'art. 23, qu'une pairie provisoire; puis le ministère vous annonce que son article complémentaire ne sera également que provisoire; ce qui, de compte net, fait trois sortes de provisoires greffés les uns sur les autres. Ils ont bâclé une royauté en quelques heures, et pour faire une pairie qui est, à coup sûr, beaucoup moins qu'une royauté, il leur faut l'enfantement laborieux d'une année; il leur faut même plus qu'une année, il leur faut l'indéfini de l'avenir. Ils n'auraient pas laissé faire à Louis-Philippe dans la chambre de 1830, qui ne représentait pas la nation, un iota de leur charte, et dans la chambre de 1831 qui la représente davantage, c'est Louis-Philippe qui prend l'initiative de l'acte additionnel, et qui donnera la sanction, c'est-à-dire qu'il aura la plus belle part de l'affaire. Ils ont un roi et une chambre des députés élus par le peuple, quoique imparfaitement, sous l'empire de la légitimité nationale, et une chambre des pairs nommée par Louis XVIII sous l'empire de la légitimité royale; et cette chambre qui est plus ancienne que le roi, va subir les modifications qu'il plaira au roi, et quoiqu'elle coexiste avec les deux autres pouvoirs et qu'elle ait les mêmes attributions législatives, elle ne sera censée que provisoire, tandis que les deux autres seront censés définitifs. Il est de principe, de logique, de raison, que le pouvoir législatif ne peut faire que des lois, et ils lui font faire des actes constituans, et ils ne prennent pas garde qu'ils remettent tout en question, puisque la législature de demain pourra défaire l'œuvre de la législature d'aujourd'hui ; que le pouvoir constituant est unique, et il y en aura trois; que les additions de constitution ont la même nature que les constitutions elles-mêmes, et que les constitutions ne peuvent être faites que par les délégués du peuple exclusivement, et ils veulent faire concourir à cet acte additionnel et le roi, qui ne peut régulièrement que l'accepter, s'il y a lieu, et la chambre des pairs qui n'a été nommée ni par le peuple, ni même par le roi, et qui, par conséquent, n'a puisé ses pouvoirs ni directement ni indirectement dans les sources nationales de la souveraineté. Ils considèrent la pairie comme l'un des élémens les plus vitaux du gouvernement représentatif; la pairie qui ne représente ni la royauté puisqu'il y a un roi, ni la démocratie puisqu'elle n'émane pas du peuple, ni l'aristocratie puisqu'il n'y a plus d'aristocratie. Ils prétendent donner de la force au trône et à la pairie elle-même, et ils ne sentent pas que des pairs viagers, des créatures ministérielles se briseront devant la popularité des députés, des élus de la France. Ils promettent d'ouvrir les portes de cette chambre aux illustrations du pays, et ils ne savent pas que les hommes indépendans dédaigneront toujours les pouvoirs politiques qui ne viendraient pas de l'élection. Ils ne s'aperçoivent pas qu'avec l'hérédité de moins et la nomination royale de plus, directe et illimitée, leur chambre des pairs ne serait plus qu'une espèce de conseil d'état au grand pied, une antichambre de cour, une commission de fonctionnaires accouplés au joug ministériel, un hospice législatif de vieillards. Ils désirent l'harmonie entre les deux chambres, et ils ne voient pas que l'une, sans cesse renouvelée, sera sans cesse animée de l'esprit progressif, tandis que l'autre, à mesure qu'elle vieillira, marchera à reculons et n'apportera dans l'examen des affaires que les infirmités de l'esprit rétrograde. Ils veulent nous persuader que la responsabilité ministérielle serait invoquée contre l'abus des créations de pairs, et ils auront pris soin de s'assurer d'avance de la majorité par l'excès même de cet abus; de sorte que, si dans la chambre des députés, ils n'échappaient pas à leurs accusateurs, ils seraient, dans la chambre des pairs, absous par leurs juges. Ils déclarent que l'hérédité est abolie, et cependant ils se réservent sans limites, sans distinction, la faculté de nommer qui et quand il leur plaît, et par conséquent les fils des pairs, même au berceau, et nous aurons des législateurs emmaillottés et des juges qui téteront leur mère. Ils préconisent le pouvoir modérateur de la pairie, qui s'interposera, disent-ils, entre les députés et le roi, comme si le roi des Français et les députés de la France ne sortaient pas tous de la même source; comme s'ils n'avaient pas tous le même intérêt; comme si, au lieu de se déclarer entre eux une guerre misérable d'envahissement, ils ne devaient pas tendre, d'un commun effort, vers un but unique, vers le seul but digne et de lui et de nous, l'amélioration de la condition du peuple. Ils prennent en pitié dans leurs salons dorés et sur leurs canapés de soie, les préjugés de la nation et l'ignorance passionnée des électeurs, et ils ne savent pas que ces petits électeurs ont, dans leur simplicité des champs, une intelligence plus vraie qu'eux des conditions de l'ordre et de la liberté. Ils se figurent, dans leur illusion, que la pairie est un rocher d'asile et de sûreté, où tantôt vient se réfugier la liberté mourante, et tantôt s'adosser la monarchie contre la vague des frémissemens populaires. Et ils ne se ressouviennent pas que la pairie n'a pu sauver Louis XVIII au 20 mars, Napoléon après Waterloo, Charles X au 29 juillet, et qu'elle n'a su défendre ni la royauté, ni la liberté, ni elle-même. Ils craignent que sans pairie, sans aristocratie, sans hérédité, nous n'ayons bientôt la république dans nos mœurs, dans nos lois, dans notre gouvernement; et ils ne voient pas que la chose est déjà faite, et que nous avons une république sous un roi. Ils se persuadent que le peuple tient par quelque fil, par quelque nécessité, à l'existence de l'aristocratie, et ils ne se doutent pas que si les crieurs des rues venaient à proclamer le décès de la pairie, c'est tout au plus si quelques passans s'enquerraient de son genre de mort, et s'arrêteraient dans leur chemin, pour voir défiler ses funérailles. Ils ont si peu connu le cœur humain, le cœur français surtout, si avide d'égalité, qu'ils s'imaginent que la nation pourrait bien revenir sur ses pas, comme si l'on avait jamais vu des peuples entraînés dans le courant de la liberté, remonter volontairement vers l'aristocratie; et ils n'ont pas compris que, dès qu'il n'y aurait plus d'hérédité, il n'y aurait plus d'aristocratie; que dès-lors il n'y aurait plus de différence sensible entre deux chambres qui ont, d'ailleurs, le même pouvoir et les mêmes attributions; d'où l'on serait naturellement amené à conclure que la chambre des pairs embarrassé, par la complication de ses rouages, l'unité de la machine politique, et qu'il serait possible de ménager dans la chambre unique des représentans de la nation, sans altérer sa nature et sans froisser son indépendance, des temps d'arrêt contre la fougue des délibérations, des conditions d'épreuve pour les lois, et des garanties de défense pour le pouvoir exécutif. Ils ont avoué que, quoique l'abolition de l'hérédité leur parût une opinion fausse et dangereuse, ils croyaient ne pas devoir résister au flot de cette opinion, d'où ils ont laissé induire que si le préjugé populaire repoussait plus tard l'hérédité du trône, ils n'auraient pas la hardiesse de la défendre. Enfin, ce qui résume d'un mot leur pusillanimité et leur inconséquence, c'est qu'ils ont plaidé pour l'hérédité, et qu'ils ont conclu contre.

Au surplus, si l'on considère l'origine de notre pouvoir, chambre et ministres, nous avons tous, en principe, failli plus ou moins. Nous sommes tous à peu près aussi engagés les uns que les autres dans les déviations de la même erreur.

On tourne autour de la question sans l'aborder. On s'agite, on se débat, comme on peut, sous les conséquences d'un faux principe. Que sert d'interpréter la charte par son préambule et par la combinaison des articles 68 et 69? Que sert de s'attacher au mot de session ou à tel autre? Et qu'importe tout cela? Que d'après une charte, œuvre informe de quelques minutes, la chambre des députés soit législative en commun avec le roi et la chambre des pairs, ou qu'elle soit constituante avec le roi ou avec la chambre des pairs seulement, ou avec tous les deux; que le roi puisse proposer et concourir, ou qu'il ne puisse qu'adhérer : ce n'est pas là la question; ce n'est pas de ce que la charte a voulu dire qu'il s'agit, c'est de savoir ce que veulent ceux qui auraient dû faire la charte. Vous discutez témérairement les conditions de la pairie; mais savez-vous si le peuple veut d'une pairie héréditaire ou d'une pairie royale, ou d'une pairie élective, ou même s'il n'en veut pas du tout? et comment pourrez-vous le savoir, si ce n'est par un congrès national qui, nommé non pas par quelques électeurs privilégiés, mais par le peuple tout entier, exprimerait sur ce point, la volonté souveraine du peuple?

Mais, dira-t-on, vous voulez donc un congrès pour la pairie? Alors il vous en faut un pour la Charte. Or, la Charte est promulguée ; vous-même avez juré de la maintenir. La réviser, c'est la détruire. Si la Charte a été faite par un corps qui n'en avait pas le pouvoir, les lois faites d'après cette Charte, faites par vous, la loi électorale spécialement, en vertu de laquelle vous siégez, participent de ce défaut de pouvoir, constituent des usurpations flagrantes sur la souveraineté du peuple, sont nulles, en un mot, de toute nullité.

Certes, je ne prétends pas échapper à la force, à la justesse de cet argument personnel.

Je sais que j'aurais dû, non pas seulement donner ma démission, mais ne pas reparaître à la chambre; je sais que j'aurais dû, non pas seulement protester, mais m'abstenir; je sais que pour avoir été plus conséquent que tous les députés, sans exception, qui ont fait le roi et la charte, je ne l'ai pas encore été assez, et que pour être parfaitement logique, j'aurais dû pousser jusqu'au bout la rigueur inexorable du principe.

Mais est-ce à dire, parce que nous l'avons faussé, que le principe en lui-même, ne soit pas vrai? est-ce à dire que, parce que nous nous sommes laissé entraîner, après mille efforts, dans le chemin des abîmes, nous ne devions pas voir et signaler les abîmes? est-ce à dire qu'après avoir tiré une fausse conséquence d'un principe vrai, nous devions encore en tirer deux et plus? est-ce à dire que, parce que nous périssons d'un mal dont nous sommes nous-mêmes la cause, nous ne devions pas chercher le remède de ce mal?

Ce remède, quel est il? Il y en a de deux sortes: l'un prévient le mal et l'autre le guérit. L'un prévient le mal, et c'est le mandat universel qui engendre les congrès; l'autre le guérit, et c'est la ratification du peuple.

Ce dernier mode de légitimation est sans doute beaucoup moins parfait que l'autre, puisqu'il ne laisse au peuple que la faculté non pas de faire, mais d'approuver ou de rejeter simplement ce qui a été fait.

Mais si la nécessité des choses a été plus forte que les hommes, et que le peuple le reconnaisse, si le peuple approuve l'œuvre d'usurpation, quelque imparfaite qu'elle puisse être, il n'y a rien à dire; car le peuple est souverain, et il faut bien qu'il soit gouverné de la façon qu'il veut l'être.

Or, il n'y aurait qu'une manière de connaître le vœu de la nation, ce serait de la consulter elle-même. Il n'y aurait qu'une manière de lui demander sa ratification, ce serait de convoquer, à cet effet, les assemblées primaires.

Avant donc que de savoir si la pairie doit exister sous telle ou telle forme, ou même si elle ne doit pas exister; si la chambre de 1830 a été constituante par son propre droit, et la chambre de 1831 par délégation; questions secondaires; il s'agit de savoir par qui et comment la chambre des députés, la chambre des pairs, la charte et tous les autres pouvoirs, auraient dû être originairement constitués : question fondamentale, question qui domine, qui précède toutes les autres, question dont, malgré nos efforts, nous ne pouvions lever les barrières.

Heureusement, cette issue que nous cherchions, le ministère vient de l'entr'ouvrir. Il a été, dans son projet de loi, au-delà de nos demandes, de nos espérances peut-être; il y a déposé des germes de révision que l'avenir fécondera. En effet, si, selon lui, la charte du 7 août ne repose, même après la session de 1831, que provisoirement sur l'une de ses principales assises, pourquoi reposerait-elle définitivement sur le reste? Pourquoi la modification de la charte serait-elle permise plus tard à des législatures qui ne peuvent faire que des lois, tandis qu'elle serait refusée au seul pouvoir qui peut faire les chartes, au seul pouvoir véritablement constituant, au seul souverain, à la nation? pourquoi la révision future et illimitée ne s'appliquerait-elle pas au tout comme à la partie? pourquoi le champ de l'avenir que le ministère nous dévoile, ne nous appartiendrait-il pas comme à lui? pourquoi nous serait-il défendu d'espérer que nos usurpations sur la souveraineté du peuple seront, un jour aussi, légitimées par le peuple? Nous pouvons donc transitoirement, nous devons, chambres et citoyens, obéir de point en point à la charte telle qu'elle est, et même la perfectionner par des lois secondaires, en attendant que la nation la change ou la ratifie. Je félicite le ministère de ce qu'il a, par la solution du provisoire, tranché le nœud des pouvoirs constituans, et je le remercie d'avoir déchargé ma conscience politique du poids d'un remords.

RÉPONSE
DE M. DE CORMENIN,
A LA LETTRE
DE MM. KÉRATRY ET DEVAUX.

Deux nouveaux conseillers d'état, deux membres de la chambre des députés, l'un profond dialecticien, l'autre écrivain éloquent, MM. Devaux et Kératry, ont bien voulu se cotiser pour me répondre.

Ils m'ont fait, en même temps, l'honneur de s'occuper de ma personne, qui ne les intéresse guère; de mes intentions, qu'ils ne connaissent pas; de ma conduite, qu'ils ont mal jugée; de ma démission, qu'ils n'ont pas comprise; de mes commettans, qui n'ont pas affaire à eux, et de mon patriotisme qui vaut bien le leur.

Si je voulais, à mon tour, m'occuper du personnel de ces deux messieurs, je serais trop poli pour ne pas admirer l'éclat dont j'ai fait briller leur talent, et trop juste pour ne pas honorer leur désintéressement dans la révolution de juillet.

Mais, pressé que je suis, je leur demande la permission de quitter leur éloge et de les entraîner avec moi, malgré leur répugnance pour la logique, sur le terrain des principes.

Qu'est-ce qu'une révolution? C'est le renversement du pouvoir établi. Si ce pouvoir reposait sur une tête royale, où retourne-t-il, A sa source. Quelle est cette source? le peuple. Qu'entend-on par le peuple? ceux qui restent sur le sol, ceux qui ne meurent point, ceux qui constituent l universalité des citoyens, en un mot, la nation.

Maintenant la nation, en qui réside le droit de souveraineté? peut-elle en exercer par elle-même les pouvoirs? Non. Qu'en fait-elle donc? elle les délègue. A qui? à qui il lui plaît. Comment? par l'organe des assemblées primaires.

Alors, il arrive de deux choses l'une: ou la chambre constituante nommée par les assemblées primaires, propose, au nom du peuple, la charte, et c'est alors le prince qui la jure, ou c'est le prince qui la propose, et c'est alors le peuple qui l'accepte par la ratification de ses suffrages.

Dans les deux cas, le pacte national est scellé, et la société régulièrement organisée marche vers son but, qui est le développement de toutes les industries, la sûreté des propriétés, l'égalité des droits, la grandeur morale de l'homme, et la liberté de la personne, de la conscience et de la pensée.

Tout gouvernement fondé sur la souveraineté du peuple, qui n'est pas institué d'après ce mode, et qui ne marche pas vers ce but, manque aux conditions essentielles de son existence.

Appliquons ces principes à la révolution de juillet.

Le sceptre des Bourbons venait de voler en éclats sous les pavés des barricades. Le trône était vacant; le peuple victorieux ramassait les faisceaux brisés du pouvoir, et la reversibilité nationale s'accomplissait. C'était donc à la nation à déléguer la couronne au titre, dans les formes et sous les conditions qu'il lui plaisait. Mais qui pouvait faire en son nom cette délégation? qui pouvait imposer ces conditions? qui pouvait dresser cette autre charte? qui pouvait exprimer la volonté du peuple? Etait-ce une chambre législative émanée d'un gouvernement dissous? Non. C'était une chambre nouvelle, une chambre populaire, une chambre constituante.

Voilà la thèse de droit; mais vous ne l'abordez même point! Voilà la deduction logique; mais la logique vous fait peur! A quoi se réduit donc, en dernière analyse, toute votre argumentation si longuement déroulée? à substituer à la rigide vérité des principes, la mobilité capricieuse des circonstances. Croyez-vous donc que je ne m'aperçoive pas que vous déplacez la question et que vous changez le terrain du combat, pour me fuir et pour m'échapper? Mais je vous suis.

Vous soutîntes dans vos bras, dites-vous, la France qui penchait sur le bord de l'abîme, et vous êtes tout prêts, comme d'autres Scipions, à monter au Capitole, le front ceint de palmes civiques, pour rendre grâces aux dieux de ce que vous avez sauvé la patrie! Mais qui donc la menaçait? qui donc pouvait alors faire trembler cette héroïque France, toute frémissante encore d'indignation, toute orgueilleuse de sa force et de sa grandeur, et pleine maîtresse de ses destinées?

Le duc de Bordeaux? il fuyait. Le duc de Reichstadt? il végétait sous le joug de Metternich. L'Europe? elle nous admirait *alors* et nous craignait. La république? il n'y avait que ceux qui l'aimaient qui n'en voulussent pas. Le fédéralisme? chimère de quelques esprits systématiques que Lafayette contenait. Les agitations du peuple? il avait été plus merveilleux encore, s'il est possible, par sa sagesse que par sa valeur. La peur d'une chambre constituante? produit de l'opinion calme et unanime des populations, elle eût été calme et unanime comme elles. La guerre civile? où? La faiblesse d'un chef conditionnel? que ne lui donniez-vous la puissance transitoire d'un dictateur? L'impatience du peuple? aucun peuple, quel qu'il soit, n'est impatient de précipiter si vite la façon d'une constitution et d'un roi. Vous avez, dites-vous, marché à vos risques et périls, le 7 août! mais tout était fini le 30 juillet. Vous avez obtenu votre bill d'indemnité! mais de qui?

Je devrais donner ma démission pour être conséquent, et vous tendez la main pour la recevoir! Mais vous permettrez bien, n'est-ce pas, que je consulte mes commettans, et que je me consulte moi-même, avant de vous faire ce plaisir.

Vous ne voulez pas qu'on parle de la souveraineté du peuple! mais si vous vous offensez du mot, vous ne vous scandalisez pas apparemment de la chose; car enfin, sans la souveraineté du peuple, Louis-Philippe ne serait pas roi, ni vous conseillers d'État.

Vous attachez, je ne sais pourquoi, à l'institution de la pairie, la vie ou la mort du corps social, et dans les élans de votre douleur, vous ne savez comment vous débarrasser du poids de cette immense responsabilité.

Mais puisque vous prétendez que la solution de cette question met la nation en danger de mort, que ne la consultez-vous pour être conséquent d'une part, et de l'autre pour vous décharger? Vous verrez bien ce que la nation vous répondra. Vous saurez tout de suite par qui elle veut que les lois soient faites et le pays représenté.

Vous dites que vous étiez sans puissance pour convoquer les assemblées primaires. C'est un étrange scrupule pour qui s'est cru la puissance de faire la Charte! Mais le lieutenant-général ne l'aurait-il pu? N'a-t-il pas, d'après le titre 4 de la loi du 3 septembre 1791, remis sur pied la garde nationale, la plus grande institution du royaume ? Pourquoi n'aurait-il pu remettre également sur pied les assemblées primaires, d'après le titre 3 de la même loi ? La Belgique, encore toute brûlante des feux de la guerre, après avoir chassé Guillaume, n'a-t-elle point dissous ses Chambres législatives et rassemblé un congrès ? Pourquoi la France paisible n'aurait-elle pu faire ce qu'a fait la Belgique agitée ?

Avouez-le plutôt franchement : vous avez eu, à peu de chose près, peur de tout. Et parce que vous n'avez pu vous défendre de ces sortes d'impressions là, vous concluez qu'il aurait absolument fallu que je les partageasse ! Mais permettez-moi de vous dire que pour les partager, il aurait fallu d'abord que je visse les choses, que je les sentisse comme vous. Or, qui vous dit que vos impressions fussent les miennes ?

Où vous croyiez que régnaient le tumulte des vœux et la confusion des pensées, je voyais jaillir l'ordre et la lumière. Où vous voyiez des ressemblances avec d'autres époques, je voyais d'immenses différences. Où vous voyiez le salut de la patrie, je ne voyais que l'impatience de la peur. Où vous voyiez la nécessité de se presser, je ne voyais que la nécessité d'attendre. Où vous vouliez l'illégalité du définitif, je ne voulais que la légalité du provisoire. Où vous voyiez des difficultés de constitution, je ne voyais que l'exécution des lois faites. Où vous voyiez avec votre imagination, je voyais avec mes yeux. Où vous vous effrayiez, je me rassurais.

Vous dites que j'aurais dû faire confidence au public de ma doctrine, il y a un an! mais mon éclatante démission de député, de maître des requêtes et de membre du Conseil général, est au bout de votre demande, et mes explications à mes commettans, et la polémique des journaux, et mon échec d'Orléans, et votre étonnement de ma triple résolution, et vos murmures d'alors, vous avez donc tout oublié !

Vous me demandez aussi pourquoi, lorsque vous improvisiez la charte, je suis resté, assis dans le silence, sur ma chaise curule. Etrange question ! Est-ce qu'il s'agissait d'une œuvre purement législative? Est-ce que j'avais dans ma poche mon mandat constituant? Est-ce que j'étais compétent pour délibérer et pour voter? Est-ce qu'il m'eût été, le moins du monde, permis de protester ? est-ce que je ne me trouvais pas avec des gens qui poussaient la vieille charte l'épée dans les reins, qui la traquaient au pas de course, qui ne souffraient ni discussion, ni délibération, ni amendement, qui n'écoutaient aucun orateur, et qui, dans le tremblement de leurs frayeurs, criaient à voix sourde : allons, allons, allons donc!

Je l'avouerai d'ailleurs, je ne me serais jamais senti le courage de dire : « Peuple héroïque, vous avez triomphé au nom de l'ordre, et j'ai peur de vous! C'est à vous que moi, député proscrit, je dois la liberté, l'air que je respire, le soleil de la patrie qui m'éclaire, mes biens, mes amis, mes parens, nos lois; et lorsqu'il s'agit de vous, de votre bonheur, de vos droits, de votre avenir, je ne vous consulterai pas! Vous avez vaincu l'anarchie dans vos ateliers, sur les places publiques, dans vos écoles, dans le palais des rois; et je redoute qu'elle n'éclate dans vos assemblées primaires! vous vous êtes montrés sérieux dans le combat, patiens après la victoire, et moi je serai tellement pressé d'en finir, que je vous fabriquerai sans qualité, sans mandat constituant, en deux heures, entre deux repas, une charte et un roi! » Non, je ne pouvais tenir au peuple ce langage; son intérêt, son droit, ma reconnaissance, ma raison, mon devoir ne me le permettaient pas.

Ainsi, je puis invoquer contre mes adversaires, pour les accabler, et la légalité des principes, et la faveur secourable des circonstances, et, il faut le dire, les vices même de la charte.

Il est rare, en effet, que la précipitation et le mélange hétérogène des choses fabriquées, n'altère pas le produit.

Si, dans le système de la souveraineté royale, la charte, telle qu'elle existait, était une immense concession, dans le système de la souveraineté nationale, la charte, telle qu'on nous l'a ravaudée, ne correspond plus suffisamment aux besoins de la civilisation.

J'aurais souhaité que cette nouvelle charte fût plus digne du peuple et du prince, par la perfection de ses doctrines et la maturité de sa rédaction.

J'aurais souhaité que notre pacte fondamental consacrât à la fois l'abolition de la confiscation, de l'arrestation illégale, de la censure, de la peine de mort, afin qu'on vît placés sous la sauvegarde et sous l'inviolabilité de la constitution, les biens, la liberté, la pensée et la vie de l'homme.

J'aurais souhaité qu'elle ne contînt ni ces priviléges et ces distinctions, transactions d'une charte octroyée, mensonges d'une charte consentie; ni ces mesures réactionnaires qui frappent les personnes sans anéantir le principe; ni cette pairie héréditaire qui ne peut subsister dans un pays où les petits viennent de montrer qu'ils valaient autant que les grands, où la nation a plus soif encore de l'égalité que de la liberté, où l'aristocratie n'a su ni défendre le trône, ni servir le peuple, où toutes les conquêtes de la révolution seraient périssables sans celle-là, où la loi naturelle ne veut pas de ces inégalités de droits, où la loi civile ne reconnaît pas de juges héréditaires, où la loi politique murmure contre des législateurs perpétuels.

Mais ce n'est pas la constitution en elle-même que nous avons ici à examiner; c'est son origine, c'est sa légalité, c'est sa forme.

Retournez donc la thèse en cent façons, il faudra toujours en revenir à la question telle que je vais la poser.

Qu'a accepté Louis-Philippe? la déclaration faite par la chambre des députés au nom du peuple français. Le peuple français avait-il donné mandat de la faire? Je dois dire non, puisque personne ne peut dire oui. A-t-il du moins ratifié par un suffrage exprès cette déclaration? puisqu'on n'en justifie pas, je suis encore obligé de dire non. La ratification était-elle impossible à donner après l'organisation de la royauté? Est-elle impossible aujourd'hui? Sera-t-elle impossible dans l'avenir? sur ces trois points, je dis encore non!

Voilà la thèse où je renferme MM. Devaux et Kératry, et je les défie d'en sortir.

Il ne faut pas qu'on vienne me dire que j'ai juré la Charte! oui, je l'ai jurée, et c'est pour cela que j'en veux le principe, qui est la souveraineté du peuple; et les conséquences, qui sont celles de la revolution de juillet. Admettez-vous ce principe? voulez-vous ces conséquences? vous ne dites rien? Eh bien, je vais répondre. Ma charte, à moi, est celle qui veut l'abolition des priviléges et des monopoles, des cumuls et des sinécures, des abus de la centralisation et de l'hérédité de la pairie, l'allégement des impôts qui écrasent le peuple, la distribution gratuite de l'éducation primaire, l'élection et la publicité de tous les corps délibérans, la responsabilité des ministres et de leurs agens; la suppression du cens d'éligibilité, l'admission des capacités du jury, l'extension graduelle des droits municipaux et politiques, l'émancipation de l'enseignement, l'affranchissement complet de la presse, la nomination des maires par les citoyens, la réduction de la liste civile à peu, très peu de millions, et l'incompatibilité des fonctions de député avec celles de conseiller d'état. Voilà ma charte! est-ce la vôtre?

Je n'ajouterai plus qu'une réflexion :

Tout gouvernement, quelle que soit sa forme, monarchique, aristocratique, républicain, ne peut, sans péril de mort, violer la loi de son principe.

La chambre de 1830 a failli à son principe, lorsque, de constituante par nécessité qu'elle se disait, elle s'est ensuite faite législative. Or, voici les deux conséquences fâcheuses qui en sont résultées. Premièrement, que les prétextes de la nécessité ne manqueront pas aux chambres suivantes, et qu'ainsi cette œuvre de vie à laquelle l'immortalité était promise, pourrait bien n'être plus, au bout de quelques législatures, qu'un cadavre de Charte, sans figure et sans nom. Secondement, qu'en n'ayant pas su elle-même définir l'origine, le caractère et les bornes de ses attributions, elle a légué à la chambre de 1831 une question de pouvoirs constituans, presque insoluble.

Sans doute, il est commode de plier sa morale à la souplesse des faits, de se tenir neutre entre deux principes ennemis, et de n'avoir que des définitions vagues, des règles arbitraires et des légitimités de circonstance. Cela facilite les commencemens des établissemens politiques. Mais lorsque le vent de la mauvaise fortune vient à souffler sur votre édifice, tout s'ébranle, tout craque, tout fléchit par les fondemens. Alors on s'approche de la constitution, on la retourne, on l'interroge, on lui demande si ses papiers sont bien en règle. Mais que répondre?

Osez dire maintenant que je suis aventureux, moi qui voudrais fonder le trône sur des bases larges et solides, et que vous ne l'êtes pas, vous qui préférez ces constitutions flottantes qu'on bâtit au bord de l'abîme, sur le sable des tempêtes.

Après tout, si, sans être accrédité par le peuple souverain, j'eusse fait, comme vous, un roi et une charte, que serait-il advenu! On aurait trouvé dans l'urne constituante 220 boules au lieu de 219, et ce n'eût été qu'une inconséquence de plus.

Mais si, au contraire, tous mes collègues se fussent, comme moi, abstenus de voter ou s'ils n'eussent voté que conditionnellement, la France se serait portée aux assemblées primaires avec un enthousiasme plein de mesure et de dignité. Tous les partis se seraient tus devant l'expression du mandat universel ou de la ratification nationale. La presse républicaine et la presse légitimiste auraient perdu l'aliment le plus vivace de leur opposition. Nous aurions eu depuis long-temps une pairie supprimée ou reconstruite. Nous aurions plus de vigueur dans le gouvernement, plus d'union dans l'intérieur, plus de force contre l'étranger, un trône mieux assis, des libertés plus fécondes, et pour revenir, en terminant, au sujet de cette polémique qu'il est temps de clore, MM. Devaux et Kératry ne se seraient pas donné la peine de s'associer pour défendre une mauvaise cause, et je n'aurais pas eu l'honneur de les réfuter.

TROISIÈME LETTRE

DE M. DE CORMENIN,

SUR LA CHARTE ET SUR LA PAIRIE.

RÉSUMÉ DE LA DISCUSSION.

La discussion est close, résumons-la.

Je commence par les plus pressés de mes antagonistes.

MM. Devaux et Kératry se voyant dans l'impuissance de réfuter ma doctrine, se sont escrimés contre ma personne; ils ont donné ma biographie, et il ne leur manquait plus que de tirer ma silhouette, et de dire : le voilà !

Je pourrais, par récrimination, fouiller à mon tour dans leur vie. Mais, non; si je le faisais, ce ne serait que pour y chercher ce qu'il peut y avoir d'honorable et de généreux.

Je ne sais pas me fâcher contre les gens, parce qu'ils ne sont point de mon avis, et je distingue les erreurs du raisonnement, des qualités de la personne.

M. Kératry a servi la liberté avec éloquence, avec courage; M. Devaux est un profond jurisconsulte. Ils ont, seul à seul, comme deux à deux, beaucoup de talent, de raison, de conscience. Que leur a-t-il donc manqué ? d'être dans le vrai.

Le public se soucie fort peu de ce que j'ai été, ou de ce que j'ai fait. Je n'emploierai donc que quelques mots à le lui dire.

Maître des requêtes durant vingt ans, j'ai lutté, dans le Conseil d'Etat, pour la cause des intérêts nationaux.

Député durant quatre ans, j'ai combattu dans la Chambre pour la cause des libertés publiques.

Si j'ai refusé d'être commissaire du nouveau gouvernement, le 30 juillet au matin, c'est que je n'ai pas cru pouvoir rompre mon serment de fonctionnaire, tant que la Charte expirante soufflait encore (1).

Si je n'ai fait ni lieutenant-général, ni roi, ni constitution, c'est qu'il n'appartenait qu'au gouvernement provisoire de faire le lieutenant-général, au peuple de faire le roi, au congrès de faire la Charte.

Si j'ai refusé d'être procureur-général, premier président, conseiller d'état, c'est que j'ai cru que les députés devaient donner les premiers l'exemple du désintéressement, et que je blâmais la marche du gouvernement qui, fondé sur la souveraineté du peuple, allait à la dérive des conséquences de juillet.

Si j'ai donné ma démission de maître des requêtes, c'est que j'ai voulu accorder ma conduite avec mes discours.

Si j'ai renvoyé ma nomination de membre du conseil général de mon département, c'est que je n'aurais voulu recevoir ce titre que de la libre élection de mes concitoyens.

Est-ce donc à dire, d'après cette apologie, que j'ai pour tout et par tout, été infaillible? Non, certes, et je ne sais pas plus reculer devant l'aveu d'une faute, que devant la nécessité d'un principe.

Si, en quittant la Chambre, j'ai été plus conséquent que MM. Devaux et Kératry, j'aurais été plus conséquent encore en n'y rentrant pas.

S'ils ont combattu les majorats, ils ont eu raison; et si j'en ai un, je désire qu'on l'abolisse; si j'ai un titre nobiliaire, je ne l'ai

---

(1) Voici la réponse publique que je faisais vers la fin de 1830, à une autre insinuation de mes adversaires:

« On me demande pourquoi, dans je ne sais quel billet confi- » dentiel écrit à l'un de mes collègues, parmi le tumulte et le feu » des journées de juillet, j'aurais dit que les ministres seuls étaient » responsables; que le roi était constitutionnellement impecca- » ble, et que je lui gardais fidélité.

» Je ne m'en défends pas: député, je suis resté fidèle à la » Charte, tant qu'elle a été Charte; fonctionnaire, je suis » resté fidèle au roi, tant qu'il a été roi. Mais ma fidélité ne va » pas au-delà du tombeau; régner, c'est vivre; un roi qui ne règne » plus, est mort. »

pas pris depuis la révolution de juillet, dont l'égalité est le principe et la fin, et j'y ai dès-lors renoncé, comme j'y renonce publiquement et à toujours (1).

A entendre mes adversaires, on croirait que je me suis réveillé en sursaut, le 30 août 1831, pour mettre en lumière ma doctrine.

C'est une erreur que je dois relever.

Je ne dirai pas qu'en 1815, (il y a près de 17 ans), je demandai l'acceptation d'une constitution par le peuple, et l'abolition de l'hérédité de la pairie.

Je ne dirai pas que le 22 avril 1828, je renouvelai à la tribune ce dernier vœu qui jeta la Chambre dans un violent orage.

Je dirai seulement, qu'à peine la nouvelle des monstrueuses ordonnances a-t-elle retenti dans mon département, je pars, je franchis les barricades du 29 juillet, pour venir apporter ma démission de maître des requêtes aux violateurs de la Charte, et je me réunis le matin même à mes collègues.

Le 3 août, je m'abstiens, par incompétence, de voter le lieutenant-général (2).

Le 7 août, jour où une Charte nous fut octroyée par 219 personnes, mon immobilité sur mon banc, mon silence et mon abstention du scrutin, n'étaient-ils pas la plus énergique protestation au nom du peuple dont il s'agissait, et qu'on ne consultait pas!

Le 12 août, je motive ma démission sur l'usurpation de la souveraineté nationale; la voici :

« Monsieur le Président,

» Je n'ai pas reçu du *peuple* un mandat constituant, et je n'ai » pas encore sa ratification. Placé entre ces deux extrémités, je

---

(1) « La logique est bonne dans les discours, mais elle n'est pas » de trop non plus dans la conduite; et l'action qui confirme la » parole, prouve la sincérité de celle-ci. »

(*Seconde lettre de MM. Devaux et Keratry.*)

(2) Je n'ai jamais pu m'expliquer l'inconséquence de ceux qui, ayant refusé de voter un lieutenant-général, ont, trois jours après, voté un roi.

» suis absolument sans pouvoirs pour faire un roi, une Charte, un » serment.

» Je prie la Chambre d'agréer ma démission.

» Puisse ma patrie être toujours glorieuse et libre! »

Le 24 août, j'explique à mes commettans les motifs de ma démission, et ces motifs sont imprimés, publiés, affichés sur les murs de Paris (1).

Le 30 août 1830, je disais : « Nous sommes aujourd'hui, à fond » et à plein, dans le système de la souveraineté du peuple. Dans » ce système monarchico-républicain, c'est de bas en haut, et » non de haut en bas, que la société doit être construite. Le peuple » est la base de la pyramide, dont la pointe est la royauté. Il suit » de là que la représentation nationale doit être largement déve» loppée, largement assise. »

---

(1) On y lisait : « Quel est le principe de la souveraineté na» tionale? C'est que le peuple doit proposer la Charte par ses or» ganes constituans, ou du moins la sanctionner. Or, ici, les organes » constituans ont-ils proposé? Le peuple a-t-il sanctionné? Non. » Donc, il y aura eu peur de l'anarchie, gravité des circonstances, » péril, urgence, tout ce que l'on voudra. Mais, quoi que l'on » puisse dire, avant, pendant, ni après, il n'y a pas eu de léga» lité......

» Il n'y a rien de légal sans le mandat spécialement constituant » des assemblées primaires, des électeurs et des députés...... »

Et plus loin : « Tranchons le mot : on a eu peur. Mais la peur est » une mauvaise conseillère; elle a perdu plus d'empires, qu'elle » n'en a sauvé. Il fallait oser; il fallait occuper fortement l'ima» gination des peuples, par le spectacle imposant, nouveau, sa» lutaire, d'une élection universelle; il fallait les soutenir dans » l'ordre, par l'inspiration de leurs devoirs et par l'opinion de » leur dignité; il fallait achever, par les sermens et les acclama» tions de la légalité populaire, une révolution commencée au » cri vengeur des sermens parjurés. Il est des temps où les peuples, » remués dans leurs affections généreuses, conspirent pour le bien, » comme il en est d'autres où, remués dans leurs affections dépra» vées, ils conspirent pour le mal. Il est de hautes et subites réso» lutions, il est des coups d'audace que la fortune couronne, et qu'il faut savoir frapper! »

Le 24 octobre, je confirmais la même doctrine, et je succombais devant la prévention d'un collége électoral, pour y avoir été fidèle (1).

Le 3 avril 1831, j'imprimais ceci : « Il n'y a pas une seule personne de citoyen qui puisse être privée du droit électoral. Pourquoi ne pas dire toute la vérité ? L'électorat, tel que vous le construisez, n'est que de l'olygarchie. L'électorat à deux degrés n'est lui-même qu'un radicalisme bâtard. Il n'y a de vrai, en matière d'élection, que l'égalité du droit personnel, c'est-à-dire, le suffrage universel ; tout le reste est arbitraire, fiction, mensonge. Le droit d'électorat et le droit d'éligibilité existent *à priori* dans la personne de chaque citoyen français ; c'est là, la conséquence directe, logique, invincible, du principe de la souveraineté du peuple.

» La loi ne peut donc pas créer la capacité, car on ne crée pas ce qui existe ; elle doit reconnaître le droit de tous, puisque le droit est à tous ; mais elle peut n'en laisser transitoirement la jouissance qu'à ceux qui ont aujourd'hui l'intelligence suffisante de ce droit, c'est-à-dire, à tous ceux à qui leur sexe, leur âge, leur moralité et leur instruction, permettent de l'exercer rationellement.

» Là est le droit, là est la limite. »

Le 10 mai 1831, je disais, à l'occasion de la loi municipale :

« Il est temps enfin d'envisager, il est temps de concevoir la révolution de juillet dans toute sa majesté et dans toute sa grandeur. Le peuple français a conquis son indépendance par assez d'héroïsme et de sacrifices pour qu'on ne lui mesure pas, d'une main avare, quelques fragmens d'élection : il a passé de l'enfance

---

(1) J'y rappelais la série de mes actes publics à la Chambre des députés, depuis mon entrée en 1828 jusqu'à la révolution de 1830. « J'ai demandé l'indépendance du Conseil d'Etat et la responsabilité des ministres ; j'ai attaqué les dotations ruineuses de la pairie ; j'ai proposé le jury pour les délits de la presse ; j'ai repoussé les monopoles de la fiscalité et de l'enseignement ; j'ai dénoncé les cumuls et les sinécures, et, dans ma colère patriotique, j'ai rejeté le budjet de 1829, et voté l'adresse des 221. »

» à l'âge viril, et il veut, dans les communes, dans les conseils,
» dans la Chambre, par les élections et par les délibérations, par
» la publicité et par les enquêtes, par les spécialités et par les con-
» trôles, s'occuper lui-même de ses affaires : comme il n'a pas fait
» une demi-révolution, il ne veut pas d'une demi-liberté : il a un
» roi, et plus de maître. »

Le 20 juin 1831, je professais les mêmes principes, dans une lettre publique, que le ministère fit abondamment réfuter par ses journaux.

Enfin, le 3 août 1831, je disais :

« Quel était le devoir de la Chambre de 1830 ?

» Maîtresse accidentelle du terrain, organe provisoire du pays,
» elle aurait dû reconnaître et déclarer, à la face du peuple re-
» devenu souverain, l'impuissance de son mandat, et provoquer,
» par la convocation des assemblées primaires, le libre vœu du
» dernier habitant du dernier village. »

On m'a forcé de rappeler l'ensemble de ces diverses propositions, leur corrélation, et la pensée féconde qui, par son unité, les embrasse et les domine.

Je continue, et je demande qu'on veuille bien m'excuser si, étant obligé de suivre pied à pied mes adversaires, je ne puis mettre dans la disposition successive de mes réponses, plus d'ordre qu'il n'y en a dans la disposition de leurs argumens. Je ne suis pas ici maître de mon terrain.

« M. de Cormenin a eu le malheur de voir une usurpation fla-
» grante dans une autorité qui régit deux cents lieues de pays. »

La question n'est pas de savoir si c'est un malheur de voir la vérité, mais si c'est un devoir de la dire. J'ai d'ailleurs circonscrit ma pensée dans un sens hypothétique qu'il n'est pas permis de détourner, et j'ai recommandé la pleine et fidèle obéissance de Charte.

« Je devrais respecter la douleur que je vais causer ! »

Je respecte plus la vérité et l'intérêt de mon pays, que la douleur des fonctionnaires. Cet argument se réduit à ceci : dites donc ces choses-là plus bas ; car vous nous feriez tort.

« La Chambre de 1830 n'a pas usurpé, elle s'est portée fort ; ce qui est bien différent. »

La Chambre de 1830, émanation de l'ancienne Charte, n'avait

aucune mission pour constituer ou pour se porter fort. En effet, elle ne pouvait ni se changer en constituante, parce qu'elle n'était que législative; ni renverser la Charte, parce qu'elle n'avait été envoyée pour cela; ni implicitement ni explicitement; ni se porter fort au nom du peuple, parce que cela regardait uniquement le gouvernement provisoire, né de la nécessité des circonstances, organisé pour le salut public, et qui pouvait, avec l'assentiment de la garde nationale, du peuple et de l'armée, exercer dictatorialement ses pouvoirs, ou les confier à un lieutenant-général. C'était donc au gouvernement provisoire ou au lieutenant-général nommé par lui, à convoquer les assemblées primaires, ce n'était pas à la Chambre. Mais admettons que la Chambre ait pu se porter fort. Où est la ratification?

« Le pouvoir définitif n'était pas exclus des attributions de la grande loi du salut public. »

Si vous n'aviez pas l'attribution du pouvoir provisoire, comment auriez-vous eu l'attribution du pouvoir définitif? Le salut public autorise la dictature, parce qu'elle est temporaire, et non la royauté, parce qu'elle est irrévocable. Le salut public n'a-t-il pas été quelquefois l'excuse des tyrans qui perpétuent la nécessité pour ne pas déposer l'empire?

« Il ne fallait pas, le 7 août, rester sur votre banc, sans parler. »

Cet argument, tout à fait personnel, qui se reproduit cent fois dans les longues colonnes du factum Kératry, ne résoudrait pas la question de principe.

Parler? à qui? à la peur? est-ce qu'elle écoute? A votre raison? le tumulte des circonstances la dominait. A votre amour du peuple? Vous niez sa souveraineté.

J'ai fait mon devoir envers la nation : c'était à vous à faire le vôtre. J'ai vu la vérité, et je l'ai dite; et vous, même aujourd'hui, vous ne la voyez pas, vous ne la dites pas! et vous ne voulez pas qu'on la voie, et vous ne voulez pas qu'on la dise, et vous demandez pourquoi je n'ai point parlé!

« Vous avez toujours à la bouche : Nous avons fait un roi, nous avons disposé de la couronne, et autres phrases semblables. »

Fait un roi! disposé de la couronne! de quel droit? Ne voyez-vous pas que votre erreur est de vous imaginer que vous représentiez la nation. Mais on ne représente pas la nation sans son mandat. Où donc est le vôtre? vous n'étiez pas de véritables représentans, vous n'étiez que des notables. Vous reconnaissez vous-mêmes que vous n'aviez pas le droit, mais la conscience que vous étiez représentans. Eh bien! vous serez absous à cause de l'intention. Mais, encore une fois, la conscience d'un droit n'est pas le droit.

Je vois bien votre embarras. Vous voudriez qu'il y eût un roi de moins, et que, quand cela change tout, il n'y eût cependant rien de changé; qu'il n'y eût plus de restauration, mais qu'il n'y ait pas non plus de révolution; qu'il n'y ait plus de légitimité, mais qu'il n'y ait pas non plus d'usurpation; qu'on ne soit pas dans le faux, mais qu'on ne soit pas non plus dans le vrai. Vous voulez, en un mot, que nous nous tenions sur un seul pied. Mais, à la fin, cela fatigue.

Pour moi, je considère que tout avait disparu dans le naufrage consommé de la monarchie : roi et charte, cause et effet. Il ne restait debout que le peuple; car le peuple ne meurt point. Il n'y avait alors de légitime que le gouvernement provisoire; car une société quelconque ne peut jamais, et surtout dans les jours d'anarchie, se passer de gouvernement.

« Nous n'avions pas besoin de pouvoirs spéciaux. »

On vous demande pourquoi vous n'en aviez pas besoin. Et vous répondez : « Parce que nous n'en avions pas besoin. » Ainsi, vous décidez tout simplement la question par la question.

« L'adhésion tacite a été éclatante et universelle. »

J'en demande bien pardon à la société Devaux Kératry; mais si l'adhésion *tacite* a transpiré par tous les pores populaires, pourquoi l'adhésion *expresse* n'aurait-elle pas transpiré également? Logiciens! concluez donc d'après vos prémisses!

« Suivez le roi dans ses visites aux populations! »

Bien! Nous voilà sur le terrain des acclamations officielles, sur le terrain de la flatterie. Et les fidèles adresses des départemens à Napoléon, dont j'ai vu Napoléon lui-même se moquer en plein conseil, ne vous en souvient-il plus? Et le voyage triomphal de Charles X à travers la pompe des fêtes de la Lorraine et de l'Alsace? Ah! vous appelez cela des preuves!

« Que direz-vous du moins de l'adhésion de 460 colléges électoraux ? »

Je dirai que si l'adhésion des colléges commence la ratification, elle ne la complète pas logiquement. Il faudrait pour cela que les colléges électoraux eussent été, non pas tels que MM. Devaux et Kératry les ont faits, mais tels que je les demandais, fondés sur les suffrages de tous les citoyens intelligens, ou, ce qui est la même chose, sur le vote rationnellement universel.

« Les constitutions de la république, du consulat et de l'empire, » ont péri malgré l'adoption du peuple, et la Charte, malgré son » inadoption, a vécu seize ans. »

Elle vivrait encore si le peuple l'eût faite ou sanctionnée. Car pourquoi s'il l'eût faite, aurait-il violemment détruit son propre ouvrage ? Au surplus, le reproche est singulier de la part de députés qui trouvent que l'acceptation de la Charte était inutile, et qui l'on détruite parce que cette acceptation n'avait pas eu lieu.

Si les constitutions de la république et de l'empire n'ont pas vécu, c'est que l'anarchie ou l'ambition les ont étouffées ; mais ce n'est pas assurément parce qu'elles ont été sanctionnées par le peuple.

Les constitutions périssent par le principe du mal qui est en elles, et non par le principe du bien.

La constitution du Grand Turc, qui permet d'empaler les hommes et de confisquer les propriétés, a duré plus que la Charte de 1814, et très probablement plus que ne durera la Charte de 1830. Est-ce une raison pour préférer la Charte du Grand-Turc ? Il y a des pays sur la terre, et ce sont presque tous, où la liberté a eu quelques jours de vie et la tyrannie de longs règnes. Est-ce à dire que la tyrannie vaut mieux que la liberté ? Ne mesurons pas le droit par sa durée et la vérité par ses triomphes ; nous ferions trop de mécomptes.

« Je trahirais la Charte, et cependant j'ai juré la Charte ! »

J'ai juré obéissance à la Charte. Oui, et c'est pour cela que j'aurais voulu la corroborer par l'acceptation du peuple. Où trouvera-t-on dans la Charte que vouloir consolider la Charte, c'est violer la Charte ? Ne sait-on pas d'ailleurs que les Chartes sont des textes élastiques, qui s'étendent ou se retirent sous les doigts qui les manient ?

Si je disais à des courtisans que je donnerai très-peu de millions au roi, ils s'écrieraient que je lui manque de fidélité. Si je disais à MM. Devaux et Kératry que je veux le suffrage universel, la nomination des maires par les citoyens, l'émancipation absolue de l'enseignement, l'affranchissement des droits de timbre sur la presse, la décentralisation des affaires, la suppression du cens d'éligibilité, l'extension du jury aux délits de la police correctionnelle, l'élection directe et temporaire des pairs de France, tant qu'il y en aura, ils sauteraient de deux pas en arrière, et ils s'écrieraient que je manque d'obéissance à la Charte; ils diraient que ceci constitue un crime d'interprétation, une usurpation flagrante de la Charte, une préméditation d'anarchie, une trahison de mon serment. C'est qu'il y a l'infini entre la Charte de M. Devaux et la mienne. Chacun de nous viole intentionnellement celle de l'autre; et si l'on pouvait peindre sur la toile les figures de ces deux Chartes, il y aurait entre elles si peu de ressemblance que personne ne les reconnaîtrait.

Ne serait-il pas temps enfin de mettre de côté toutes ces fictions qui ne tiennent aucun compte de la différence des époques, des croyances, des mœurs, des institutions et des hommes, ces incriminations vagues de trahison et d'infidélité à des choses que chacun entend et explique à sa manière, ces exclamations de sentiment, ces précautions oratoires et toute cette phraséologie de tribune, et de prendre les affaires au grand, au vrai, au positif, au sérieux?

« La révolution de 1830 n'a pas de plus redoutable ennemi que » M. de Cormenin. »

Je vous propose, par amendement, de tourner autrement la phrase, et de dire : Les hommes qui ont exploité la glorieuse révolution de 1830, à leur bénéfice et au détriment de la nation, n'ont pas de plus redoutable ennemi que M. de Cormenin. Dites cela, et vous direz vrai. Vous voyez bien qu'il ne s'agit que de s'entendre!

Au surplus, mon adversaire à deux têtes, M. Devaux-Kératry, ne se contente pas d'attaquer mes principes. Il n'épargne pas même mes pures, mes honnêtes intentions; ce qui, par parenthèse, a soulevé contre moi les débordemens de la presse ministérielle, et m'a valu des bottes de lettres anonymes, de menaces et d'injures. Je ne suis pas de l'avis de mes deux collègues. Donc je conspire. Affectueuse et surtout rationnelle conclusion!

Au demeurant, je ne leur en veux ni à eux ni à personne. Quiconque dévoile un abus se fait un ennemi. Quiconque proclame une vérité, se fait une affaire avec un sophiste. Quiconque raisonne un peu trop juste, se fait dire des injures. Il y a déjà longtemps que, pour servir mon pays, j'ai traversé ces épreuves-là, et c'est à peine maintenant si les piqûres de la presse effleurent mon épiderme durcie.

« MM. Devaux et Kératry me provoquent à demander une loi » sur la convocation des assemblées primaires. »

Une loi? pourquoi donc? Elle est toute faite, à moins que vous n'en vouliez une plus large, à quoi je consens. Compétent pour la demander comme citoyen, je ne le serais peut-être pas comme député. Mais vous le seriez encore moins que moi pour la voter. Je ne voudrais pas, à ce point, vous faire tomber en contradiction avec vous-mêmes. Car si vous l'adoptiez aujourd'hui, on vous demanderait pourquoi vous ne l'avez pas adoptée il y a un an. Si vous la rejetiez, on dirait que vous êtes juges et parties. Dans ces deux cas, il faudrait vous retirer. Comptez maintenant tous les députés qui siégent sur nos bancs, et qui ont voté, comme vous, la charte de 1830, priez-les de s'abstenir, recensez les suffrages, et vous verrez que la Chambre ne serait plus en nombre pour délibérer. Que venez-vous donc me demander? que, de mes mains solitaires, j'ébranle devant la Chambre les fondemens de son autorité, que je convertisse en question parlementaire une question nationale, que je propose une loi que vous ne sauriez faire? Mais ne pourra-t-on jamais l'obtenir? Oui. Et quand? quand vous n'y serez plus!

J'en ai fini avec MM. Devaux et Kératry, et j'arrive à la commission de la pairie, qui, dans son rapport, attaque les assemblées primaires, et qui établit que le pouvoir constituant est mystérieux, unique, indivisible, temporaire.

Mystérieux! pour ceux qui ne veulent pas consulter la volonté nationale. Le droit divin aussi est mystérieux. Il n'y a même rien de plus mystérieux. Voulez-vous cacher le pouvoir constituant dans les tabernacles du droit divin?

Unique! Alors vous convenez donc qu'il ne pouvait pas être exercé par trois personnes, savoir: la Chambre des députés, qui n'avait pas de mandat; la Chambre des pairs, qui n'existait presque plus ; et le Roi, qui n'existait pas encore. Dans tous les cas, ne dites donc pas l'unité, mais la trinité !

Indivisible ! Je croyais jusqu'ici qu'il n'y avait d'indivisible que ce qui était unique, comme un congrès, et non ce qui était multiple, comme trois pouvoirs.

Temporaire ! Mais si, au bout d'une année, comme pouvoir constituant, vous raccommodez la pairie, alors il n'est plus temporaire. Si c'est comme pouvoir législatif, alors vous ne faites donc pas un acte constituant. Et si cet acte n'est pas constituant, qui empêchera la législature qui vous suivra, la vôtre elle-même, de le rapporter ? Voilà la conséquence toute droite de votre principe.

« Vous ajoutez que le pouvoir constituant appartient à celui » qui peut s'en saisir. »

Ainsi l'existence des sociétés humaines dépendrait des caprices de la fortune, de l'audace d'un soldat, de la volonté d'une Chambre ! C'est un véritable appel à la brutalité de la force ; c'est la doctrine du premier occupant ; c'est une justification toute prête et fort commode pour les usurpateurs et pour les tyrans ! Laissez-les faire, ils vous constitueront la société comme ils l'entendront, de toutes les manières, puisqu'il leur suffira d'avoir la puissance.

Le reste de l'argumentation de l'honorable commission, sur l'expression tacite des consentemens, sur l'universalité des acclamations, sur la nationalité de la Charte, sur la sédition des assemblées primaires, a été dit et redit par MM. Devaux et Kératry qui se débattaient sous moi, et que M. de Châteaubriand, cet Hercule de la presse, vient d'achever d'un dernier coup de massue.

Ils ont mis un roi à la place d'un autre ; ils ont substitué au principe de la légitimité royale, le principe de la légitimité populaire ; ils ont rayé l'article 14 ; ils ont mutilé la pairie, et ils se figurent, et ils disent que c'est toujours la même Charte, et que tant de choses faites et tant d'autres choses qui restaient à faire, ne valaient pas la peine d'une consultation préalable, ou d'une ratification postérieure !

Si la Charte de 1814 était la même, moins Charles X, pourquoi ne vous êtes-vous pas bornés à requérir la responsabilité des ministres ? Pourquoi avez-vous interrompu l'ordre naturel de la succession au trône? Savez-vous que votre persistance à vouloir continuer la Charte de 1814, est le plus terrible de tous les argumens en faveur du duc de Bordeaux?

Restent les objections de plusieurs autres députés, qui m'ont fait aussi l'honneur d'attaquer ma doctrine, moins parce qu'elle serait fausse, que parce qu'elle troublerait l'ordre établi.

Si l'on fait appel à ma logique, je dirai que ce n'est pas une raison concluante; si l'on fait appel à mon patriotisme, je concéderai tout ce qu'on voudra. Car j'aime mieux la logique que l'inconséquence; mais j'aime mieux l'inconséquence que la perturbation de mon pays. Mais l'intérêt de mon pays ne saurait-il s'accorder avec la logique, le droit avec le fait, la nationalité avec le pouvoir, la Charte avec la ratification, la sûreté du royaume avec la convocation des assemblées primaires? Ce sont des questions qui, je l'avouerai, sont encore pour moi des questions.

Ce que j'entrevois de plus solide dans les argumentations des orateurs ministériels, c'est ceci: Qu'avons-nous besoin de vos déductions et de votre maudite logique? Nous avons ce qu'il nous faut; nous sommes bien; allez où vous voudrez, et ne nous dérangez pas.

J'y consens, mais je ne puis m'empêcher de répondre encore un mot à un autre orateur, qui m'a fait un singulier argument, le voici:

« Nous avons trouvé un chef plus promptement que les Belges; » c'est un avantage. On a bien fait de songer aux canons. »

Si je comprends l'argument, l'orateur ne veut-il pas dire qu'on a bien fait de songer d'abord aux canons? Mais de songer aux canons, cela n'empêchait pas, il me semble, de songer ensuite à autre chose. Les canons ne constituent pas le droit. Mais j'avoue, qu'en fait, les canons sont un argument irrésistible. Or, puisque mes adversaires réduisent tout aux faits, la logique ne peut rien contre les canons. Cela est clair, ils ont raison.

Un autre député a prétendu qu'il avait en main la solution du pouvoir constituant, et il a écrit en grosses majuscules d'imprimerie:

« La Charte de 1830 est souveraine! »

C'est encore là ce qui s'appelle résoudre la question par la question. Il ne suffit pas, en effet, de dire : la Charte de 1830 est souveraine, il faut le prouver. Les majuscules ne font rien à l'affaire, et n'avancent pas d'un pouce la question du pouvoir constituant.

Un orateur célèbre a dit aussi à la tribune : « qu'aucune conviction générale et forte ne ralliait plus les esprits. »

Quel aveu de votre impuissance et de l'illégitimité de votre principe ! Quoi ! vous vous en étonnez. Vous avez bâti sur le sable, et vous ne voulez pas que votre maison tremble et chancelle au premier souffle de la tempête !

« Que ma doctrine a été accueillie et répétée par tous les organes de la presse constitutionnelle. »

C'est qu'ils ont senti qu'il fallait, dans les cas désespérés, aux maux profonds, des remèdes héroïques. Au surplus, c'est l'illusion, si ce n'est pas la ruse de tous les pouvoirs, d'attribuer à l'opposition les résultats de leur propre faute. Lorsqu'on a vu que le ministère désertait les conséquences de la révolution, les esprits ont involontairement consulté la légitimité de son principe. Lorsqu'on a vu que l'on ne faisait rien pour le peuple, on a recherché si c'était parce que le pouvoir n'aurait pas été fait par le peuple.

« Que les organes principaux de l'opposition, dans le sein de la Chambre, ne m'ont pas combattu. »

C'est qu'ils ont trop de logique, pour ne pas être du parti de la logique ; c'est qu'ils aiment trop le droit, pour ne pas être du parti du droit, lorsque la nécessité a cessé. C'est que si le plus illustre d'entre eux a, dans sa haute et difficile position, cédé, avec un admirable patriotisme, au désir de prévenir l'anarchie, il n'en a pas moins reconnu *l'obligation* d'une chambre constituante. Aussi, ne pouvant justifier la mesure par le droit, il l'excuse par les acclamations.

Il est vrai que Benjamin Constant a dit que : « ces adresses et ces félicitations monotones, ces acclamations et ces harangues sont une comédie convenue qui n'en impose à personne, et qui, depuis long-temps, aurait dû succomber sous les traits du ridicule. »

Il est vrai d'ajouter que la fameuse déclaration de la Chambre des représentans établit que : « Tout gouvernement qui n'aurait

» d'autre titre que les acclamations, n'aurait qu'une existence » éphémère. »

Ce titre, où la Chambre des représentans le trouvait elle? Dans le droit, c'est-à-dire, dans l'expression régulièrement organisée de la volonté du peuple. Ainsi, j'ai pour moi Benjamin Constant et la Chambre des représentans; c'est quelque chose.

Enfin, deux chefs du parti doctrinaire, dont le talent est une puissance, ont bien voulu quitter les nuages où ils habitent, et ils se sont, de leur plein vol, abattus sur moi. Ils repoussent dédaigneusement la souveraineté du peuple. Mais que mettent-ils à sa place? Un être idéal, la souveraineté de la raison.

Mon embarras est grand. Comment réfuter ce qui ne peut se comprendre, et comment comprendre ce qui ne peut se définir? J'abaisse donc, devant les pontifes du doctrinarisme, l'humilité de mon intelligence, et je les prie de remonter dans leurs nuages.

Venons maintenant à quelques autres objections des journaux, qui me semblent plus spécieuses que celles des députés et des pairs ministériels.

« Pourquoi, me dit-on, prendre la loi de 1791, plutôt » qu'une loi plus libérale encore? Et, si cette autre loi est à » porter, d'où tirerait elle sa force et son obligation, si vous » frappez d'une radicale inconstitutionnalité, la loi qui la » ferait! »

Je ne cherche pas le bien absolu qui n'existe nulle part; mais je cherche le mieux relatif. Si vous niez le droit des assemblées primaires, vous n'avez pas besoin de me demander comment elles l'exerceront; car on ne s'occupe de la forme d'une chose qu'autant que l'on veut de la chose elle-même. Mais si vous admettez ce droit, alors vous conviendrez que ma logique aura sur la vôtre l'avantage proportionnel de la distance qu'il y a entre 219 personnes et 8 millions de citoyens. Car il est évident que huit millions de citoyens représentent plus exactement, quoique sans rigueur absolue, le surplus de la nation que 219 personnes. Le principe une fois admis, on serait bientôt d'accord, avec de la bonne foi, sur le mode et les détails de l'exécution.

L'objection de l'inconstitutionalité de la loi de convocation, me touche peu; car ce défaut serait, à l'instant, couvert par l'amnistie de l'omnipotence nationale.

Quant à la préférence de la loi de 1791 sur la loi de 1793, ou sur toute autre, il faut distinguer entre la préexistence du mandat, et la ratification.

Pour nommer des électeurs, ce qui est la voie indirecte, ou des députés, ce qui est la voie directe, il faut une certaine culture d'esprit, une certaine indépendance de position. Car il s'agit de faire un choix. Or, la coterie ou la faction imposerait ces choix, si, dans *l'état actuel* de la civilisation, l'on descendait inopinément trop bas. En effet, on veut avoir le choix volontaire et raisonné de chaque citoyen, et non son choix involontaire, dominé, entraîné, séduit, dicté. Dans cette hypothèse, la loi de 1791, pourrait suffire, avec l'adjonction aussi large que possible des intellectualités (1).

Mais lorsque la Charte a précédé le mandat, et qu'il ne s'agit plus que de la ratifier, alors il n'y a plus qu'à dire *oui* ou *non*. Tous les citoyens, même les plus simples, sont en état de comprendre si une Charte toute faite leur plaît ou leur déplaît, par son ensemble, par ses dispositions, par sa forme monarchique, ou républicaine, ou aristocratique. Alors le mode le plus large, celui de 1793, par exemple, ou tout autre analogue, peut être employé. C'est ainsi que nos ancêtres élisaient un roi

---

(1) Si l'élection est directe, il faut *actuellement* un cens. Si l'élection est indirecte, on peut appeler tous les contribuables, ou tous les citoyens domiciliés. Qu'on n'oublie pas cette vérité! C'est qu'en pareille matière, chaque pas de la civilisation est un pas vers le radicalisme.

dans les champs de mai. Supposez une vallée assez grande pour y rassembler le peuple français, et une voix assez forte pour s'y faire entendre; cette voix proposerait la constitution, et le peuple s'écrierait qu'il l'accepte. C'est le mode de l'acclamation universelle. Mais si le peuple peut dire *oui*, ne peut-il dire *non*? Sans doute. Alors il faut bien, dans ce cas, qu'il délègue ses pouvoirs à des commissaires ou députés, qui dresseront, en son nom et dans son intérêt, la Charte à laquelle il obéira. Il faut donc toujours, avant ou après, consulter le peuple. On le doit et on le peut.

« Pourquoi ne pas consulter les femmes et les enfans? ils font » aussi partie de la nation. »

C'est qu'ils sont incapables. C'est que la capacité seule fait le droit, la capacité d'esprit et de position. C'est que la conclusion de tout principe doit s'arrêter aux limites du praticable. Car l'extrême est l'absurde. Il n'y a de vrai que ce qui est raisonnable, il n'y a de raisonnable que ce qui est possible. Qu'on me donne un principe, celui qu'on voudra, et qu'on me laisse le dérouler d'anneau en anneau, jusqu'à ses extrémités, j'arriverai à l'absurde. Mais comme ce n'est pas ainsi que j'attaque mes adversaires, je ne voudrais pas que ce fût ainsi qu'on me répondît.

« On dit que les constitutions écrites, et en quelque sorte » codifiées, ne durent pas autant que les autres. »

Cela peut être vrai pour les peuples conquis ou barbares, ou qui vivent dans les monarchies absolues, ou qui ont, comme l'Angleterre, une sorte de constitution d'alluvion. Encore l'Angleterre a sa grande charte, ses statuts, ses précédens écrits, ses actes de parlement.

D'ailleurs, dans quelle monarchie absolue souffrirait-on une constitution qui limitât la volonté du prince et les déprédations des grands?

Lorsque, dans les pays libres, les citoyens sont encore peu nombreux et peu éclairés, on n'a besoin que de conventions verbales. Mais lorsque la société se complique et se civilise, on fait des chartes écrites. Les chartes ne sont autre chose que des contrats passés, avec des formes authentiques et solennelles, pardevant la nation.

Supposez qu'il n'y ait pas en France aujourd'hui de Charte écrite, quelle confusion! quelles disputes sur la nature, les attributions et les limites de chaque pouvoir! l'Etat ne serait plus qu'une anarchie vivante; l'arbitraire serait partout substitué à la règle, et la force au droit.

D'ailleurs, la question est ceci: vous voulez une Charte écrite, et vous ne pouvez pas ne point en vouloir. Cela posé, vaut-il mieux que cette Charte, faite pour le peuple, soit l'œuvre du peuple, plutôt que celle de quelques personnes? C'est là tout.

« Enfin on dit: Sur trois pouvoirs, l'un tombe, les deux » autres restent. C'est aux deux qui restent, à refaire le troi» sième. Or, c'est ce qui a eu lieu: le roi Charles X est tombé, » la Chambre des députés et la Chambre des Pairs ont refait le » roi Louis-Philippe; ainsi, les trois pouvoirs trouvent en eux» mêmes la réparation de leurs propres pertes. »

C'est le système anglais de l'omnipotence parlementaire; mais ce système implique que le peuple, après avoir créé le roi et les deux Chambres, leur a délégué la plénitude de ses pouvoirs, et qu'il a, en quelque sorte, expiré dans l'enfantement de sa souveraineté.

Mais était-ce le peuple de France qui avait mis la main à la Charte octroyée par Louis XVIII?

Sa dynastie de moins, tout croulait: Roi, Charte et Chambres; tout était à refaire pour la nation et par la nation.

Nous voilà bien loin du système anglais!

Je n'ajouterai plus qu'un mot.

Si le peuple eût été préalablement consulté, aurait-il laiss subsister, sous un régime d'égalité, les distinctions héréditaire de la naissance? Aurait-il créé deux inutiles branches de législature? Aurait-il souffert que la pairie ne fût pas élective comme la royauté? Aurait-il construit au Luxembourg un tribunal monstrueux de juges criminels sans procédure, sans pénalité, et sans jury? Aurait-il transféré à la Couronne le droit exorbitant de nommer des législateurs? Aurait-il renfermé dans l'arbre de la constitution ce ver ministériel qui le fera périr?

Non, le peuple n'est pas assez insensé pour se condamner à l'ilotisme. Il ne porte pas les mains sur sa propre souveraineté. Il ne commet pas sur lui-même le crime de lèse-nation. Il ne s'inocule pas la mort.

Résumons :

La question que j'ai soulevée le jour même de la Charte, renferme, dans l'ordre politique, le salut de l'avenir. Tout le reste n'est que secondaire : tout se rattache à cette grande question ; tout en découle et tout y ramène.

J'ai placé mes adversaires entre deux hypothèses également réalisables, le mandat constituant, ou la ratification nationale.

Maintenant, supposez leur admission.

On n'interromprait ni le cours de la justice, ni l'action du gouvernement, ni la délibération des Chambres.

Un mois suffirait pour la convocation des assemblées primaires et l'élection des députés constituans.

Un autre mois suffirait au congrès national pour dresser la Charte.

Il faudrait moins de temps encore pour l'acceptation.

Reconnaître la souveraineté du peuple, et ne pas consulter le peuple, lorsqu'il s'agit du seul acte possible de sa souveraineté, n'est-ce pas manquer aux déductions de la logique la plus vulgaire?

Je ne pose ici, comme dans tout le reste, qu'une thèse de droit, une thèse de publiciste.

J'avertis que je ne veux, ni en intention, ni en fait, provoquer qui que ce soit au changement de ce qui est ; mais il ne m'est pas interdit de rechercher ce qui a été et ce qui pourrait être. Le passé et l'avenir sont du domaine de tout le monde, parce qu'ils ne sont du domaine de personne.

J'aime ma patrie par dessus toutes choses, et certes je ne voudrais pas la troubler, pour le frivole plaisir d'ajuster une conséquence à son principe.

Mais que d'avantages ne résulterait-il pas de ma théorie, si quelque jour on l'appliquait?

Toutes les capacités intellectuelles, aujourd'hui frappées d'ilotisme, participeraient à la loi du pays. Le monopole de l'électorat actuel cesserait pour ce grand acte. Vous auriez des millions de citoyens qui s'attacheraient à la constitution, et qui diraient: la Charte est aussi mon ouvrage. Quel relief pour la dignité de citoyen français! Quels motifs d'union dans l'intérieur! Quelle force contre l'étranger, lorsque tous se lèveraient pour défendre l'œuvre de tous! C'est avec conviction, c'est dans l'intérêt de mon pays que je parle, et je n'ai pas besoin de l'exprimer, car on le sent.

La souveraineté nationale ne serait plus alors un droit sans réalité, un principe sans conséquence, un pouvoir sans exercice.

Au commencement de notre révolution, ce qui importait d'abord, c'était de fonder les institutions politiques sur une base large, profonde et durable; c'était de reconnaître le principe de cette révolution, et de s'y rattacher d'autant plus fortement que le peuple qui l'a faite a, par une bizarrerie de la nature, l'esprit à la fois le plus mobile et le plus logique de tous les peuples de la terre.

Mais je ne voudrais pas que pour être régulière et proportionnée, notre constitution ressemblât à ces palais d'Italie, où la misère, la paresse et l'orgueil habitent silencieusement des portiques de marbre que soutiennent mille colonnes. Je désire aussi que le peuple puisse se loger commodément sous l'abri de nos institutions, et que le travail, les beaux-arts, l'industrie et le commerce, les fécondent, les animent et les décorent. Ce n'est pas tout de vouloir que le peuple soit le principe de la souveraineté, il faut aussi qu'il en soit la fin. Il faut surtout qu'on s'occupe de son soulagement, de son éducation morale, de son instruction et de son bien-être; car avant de régner, il faut vivre; il ne suffit pas d'être souverain, il faut être heureux.

LETTRE

SUR LE MODE D'ORGANISATION DE LA PAIRIE.

Il y a deux manières de traiter la question de la pairie :

L'une, étroite et fausse, en se renfermant dans les entraves de la charte de 1830.

L'autre, large et rationnelle, en en sortant.

Je vais d'abord raisonner dans le sens étroit, celui de la charte.

Deux questions se présentent : d'abord celle du pouvoir qui doit organiser la pairie, ensuite celle du mode d'organisation.

Qu'est-ce que c'est que de créer l'un des trois grands organes de l'état? C'est faire un acte constituant, ou un acte législatif.

Dans le premier cas, il n'y a que la chambre des députés qui puisse, tant bien que mal, se porter fort au nom du peuple, sauf sa ratification.

Quant à la chambre des pairs, à quel titre, au nom de qui et de quel droit représenterait-elle le peuple?

Quant au roi, son acceptation est suspendue sur ce point; et de même qu'il a dû réserver son adhésion à une chose qui restait à faire dans une charte qu'il n'avait pas proposée, de même il devrait s'abstenir, en principe, de participer à cet acte complémentaire de la charte.

Ainsi, dans ce système, la chambre des pairs serait sans compétence, le roi serait sans initiative et sans délibération, et la chambre élective de 1831 serait constituante, seule constituante par délégation, comme la chambre de 1830 l'a été par nécessité.

Dans le second cas, et si l'organisation de la pairie n'est qu'un acte législatif, et non pas un acte constituant, on ne voit pas pourquoi le roi et les deux chambres ne le dresseraient point; mais alors ce que la législature actuelle aurait fait, la législature suivante pourra le défaire.

Voilà les deux thèses ; il faut choisir.

J'ai posé la question de compétence ; posons les questions du fond.

1° La pairie sera-t-elle héréditaire ?

2° La pairie sera-t-elle à vie et à la nomination du roi, sans conditions et sans limites ?

3° La pairie sera-t-elle à la nomination du roi, mais renfermée dans un cercle de notabilités légales ?

4° La pairie sera-t-elle à la nomination du roi, mais d'après la candidature des colléges électoraux ?

5° La pairie sera-t-elle nommée directement, et à temps, par les colléges électoraux ? par quels colléges, comment et sous quelles conditions ?

Je reprends.

I. La pairie sera-t-elle héréditaire ?

C'est vers ce point culminant de la question que la nation tourne ses regards.

Il n'est pas de bonne guerre d'affaiblir les objections de ses adversaires ; j'aime mieux les fortifier.

Voici donc ce que les partisans de l'hérédité peuvent dire de plus spécieux :

A la seconde génération, les pairs héréditaires constituent une fraction de souverain ; ils ne tiennent rien, de près ou de loin, ni des électeurs, comme les députés, ni du roi, comme les pairs à vie. Ils siégent, avec une pleine indépendance, dans la chambre, comme le roi sur son trône, en vertu de leur propre droit.

Vous ne voulez toucher à l'une de ces hérédités que parce que vous la croyez inutile, tandis que l'autre vous paraît nécessaire. Mais, le jour où vous ne croirez plus l'hérédité royale nécessaire, vous l'abolirez donc ? L'innovation est périlleuse dans le lointain, et par ses conséquences, pour la monarchie et même pour la propriété.

Les priviléges d'attributions sont plutôt pour la chambre des députés, puisqu'elle a l'initiative des lois de finances, et l'accusation facultative des ministres, qui est plus que le jugement.

Quant aux priviléges de l'inamovibilité, ils appartiennent aux juges aussi bien qu'aux pairs.

Les pairs n'ont, du reste, ni priviléges de juridiction ordinaire, ni priviléges d'honneurs, de places, de titres, d'impôts, etc.

Tout leur privilége, tout ce qui, dans l'état, leur constitue une personnalité haute et distinctive, c'est l'hérédité.

Avec l'hérédité, les fils des pairs, assurés d'une dot opulente, n'avaient besoin ni d'emplois salariés, ni de pensions de l'état; ils pouvaient même, à cause de ces absorptions successives de riches héritières, se passer de majorats. L'appât d'une pairie titrée suffisait à la vanité des filles bourgeoises.

Les créations de pairies nouvelles, retenues par la jalousie des pairs, et par la menace toujours pendante de leurs votes négatifs, ne s'attachaient qu'à des célébrités dont l'éclat ne pouvait que rehausser la splendeur intellectuelle de la pairie, ou condamner ses murmures au silence; elles étaient trop clair-semées, et à de trop longs intervalles, pour changer l'esprit de ce grand corps et pour altérer son indépendance.

S'il y avait des pairs très-âgés, il y avait aussi des pairs très jeunes, qui, tout imbus des besoins et de l'esprit de la nouvelle génération, venaient réchauffer les glaces de la vieille race, et reproduire la fidèle image de la société, où l'opinion n'est que l'expression combinée des intérêts et des idées des jeunes gens, des hommes mûrs et des vieillards.

J'abrége, car on ne peut tout dire.

De même, presque tout a été dit contre l'hérédité.

Mais il y a quelques argumens qu'il est bon encore de faire saillir.

On se trompe lorsqu'on croit que la chambre des pairs a tiré son indépendance de son hérédité; c'est de l'institution du gouvernement représentatif dans lequel elle fonctionnait. Le sénat romain, qui fit le destin du monde, ne fut-il pas libre sous la république, esclave sous les empereurs? Le sénat inamovible de Napoléon n'aurait-il pas été, sous la charte de Louis XVIII, aussi indépendant que la chambre des pairs, et cette chambre héréditaire n'aurait-elle pas été, sous la constitution de l'empire, aussi servile que le sénat? Voilà comment il faut poser la question.

On a beaucoup ressassé tous ces mots du vieux vocabulaire : rempart du trône, pouvoir modérateur, tiers-pouvoir, balance des pouvoirs; mais qu'est-ce que des pouvoirs qui s'équilibreraient les uns par les autres, et qui se feraient, à chaque instant, volte-face, dans un pays où il n'y a plus ni royauté de droit divin, ni clergé, ni aristocratie, ni corporations, ni plèbe?

Cette pauvre pairie héréditaire, dont on veut faire un Neptune qui calme les tempêtes, hélas! elle a toujours plié sous le moindre souffle de vent!

Impuissante à défendre le trône, elle a laissé, sans la moindre protestation, s'écrouler Napoléon après Waterloo, Louis XVIII au 20 mars, Charles X au 29 juillet.

Impuissante à se défendre elle-même, elle s'est laissé couper les membres au 7 août.

Impuissante à défendre la liberté, elle n'a pas jeté un seul cri contre les monstrueuses ordonnances. Osera-t-on dire qu'elle n'eût pas étendu son manteau d'hermine sur le corps sanglant de la liberté, frémi de tous ses membres devant la menace des baïonnettes suisses, et signé la proscription des 221? Si elle ne l'eût point fait victorieuse, alors pourquoi, vaincue, la décimait-on?

Le vice irrémédiable d'une pairie héréditaire, c'est la faculté de création illimitée qu'a le monarque; ce qui met, de toute nécessité, la chambre dans la dépendance de la couronne. Elle est, en effet, toujours ministérielle, ou par inclination, ou par crainte, ou par enfournement. M. Decazes a changé son esprit, M. de Villèle aussi; l'un, dans le sens doctrinaire, l'autre, dans le sens monarchique. L'obligation du maximum et du minimum n'y fait rien. Si la limite était trop large, l'indépendance de la pairie serait menacée; si la limite était trop étroite, le roi et la chambre des députés auraient les mains liées par la majorité infrangible de la chambre des pairs.

Nous supportons la nécessité d'un roi héréditaire; mais la pairie héréditaire offense l'égalité, passion de nos âmes, droit de tous les Français, conquête inaliénable du peuple souverain.

Les mariages de l'hérédité allaient dégénérer en spéculations immorales; on commençait à voir les plus belles filles du royaume soupirer, par vanité, après des pairs rachitiques et bossus, et les plus riches héritières étaient cotées à la bourse comme des effets de commerce.

Avec les substitutions, les majorats et les dots accumulés, vous auriez eu, au bout de quatre générations, le cinquième de la France dans la pairie, dans la féodalité et dans la misère.

Honteuse perspective!

Au surplus, un argument bien simple renverse de fond en

comble la pairie héréditaire, viagère ou même temporaire, qui serait émanée exclusivement de la nomination royale.

Cet argument dispense de tout autre, et le voici :

Que fait la chambre des pairs ? la loi. Qu'est-ce que la loi ? l'expression de la volonté nationale. Comment la nation exprime-t-elle sa volonté ? par ses organes. Quels sont-ils ? ceux qu'elle a nommés. A-t-elle nommé les pairs ? non. A-t-elle délégué à qui que ce soit le pouvoir de les nommer ? non.

Concluez.

II. Laissera-t-on au roi seul le choix illimité des pairs, s'ils ne sont plus que viagers ?

L'argument précédent tranche définitivement la question.

Des pairs viagers ! y songe-t-on ? Droit divin, charte octroyée, pairie, féodalité, se tiennent par la main. Mais pairie, législature inamovible, souveraineté du peuple et roi-citoyen, ce sont des noms qui hurlent de se voir accouplés.

Qu'est-ce aussi qu'une pairie sans titres, sans majorats, sans primogéniture, sans territoire, sans richesses, sans patronage, sans priviléges et sans hérédité ? Au moins faut-il quelque bon sens dans les mots, si l'on n'en met pas dans les choses.

Si le choix du roi était à la fois illimité et inconditionnel, on ressusciterait, par des institutions successives, l'hérédité abolie par la charte. On ajouterait le mépris de la loi à l'abus de l'homme; on enchaînerait, par l'organisation d'une résistance systématique, l'indépendance de la chambre des députés. Quel est l'homme de cœur et de talent qui se laisserait infliger la faveur de cette législature ? Quel est celui qui consentirait à porter toute sa vie, sur le front, les stigmates du contre-seing ministériel ?

Demander pour la couronne, un an après les victoires de juillet, demander en face des citoyens qui nous ont sauvés, la nomination exclusive et illimitée de pairs viagers, c'est l'entreprise la plus téméraire que jamais, dans aucun pays, aucun ministre ait tentée ; c'est une proposition d'usurpation sur la souveraineté du peuple, et ce serait, à mes yeux du moins, s'il s'accomplissait, une espèce de crime de lèze-nation.

III. Le roi sera-t-il tenu de renfermer son choix viager, parmi des notabilités militaires, civiles, administratives, légalement désignées ?

C'est toujours le cas de faire le même argument, auquel il n'y a rien à répondre. Vous voulez des pairs-notables pour vous façonner des lois qui obligent la nation? Mais ces pairs notables sont-ils nommés par la nation? représentent-ils la nation? Si j'entrais dans le sanctuaire des lois, je chercherais en vain des représentans de la France, et je ne verrais que des représentans des ministres; je chercherais en vain des législateurs indépendans, et je ne verrais qu'un rassemblement d'agens du gouvernement.

D'ailleurs, les plus hauts gradés ont-ils plus d'indépendance que les moins hauts gradés? L'expérience dit le contraire.

Les plus hauts gradés ont-ils plus de science que les moins hauts gradés, ou que ceux qui ne sont pas du tout gradés? Oui, si le grade n'était pas souvent le lot de l'intrigue, du caprice et de la faveur.

Que signifient ces procédés par exclusion, lorsqu'on est en quête des notabilités et qu'on vit dans un siècle où la fonction n'est rien et où l'homme est tout?

Est-ce qu'un colonel de l'artillerie ou du génie n'est pas aussi propre à faire un bon législateur qu'un général de cavalerie légère? Est-ce que Merlin, Bentham, Châteaubriand, qui ne sont *rien*, selon la commission, ne seraient pas plus propres à faire des pairs que quelques procureurs-généraux ou quelques présidens plus obscurs encore? M. Dupin, simple avocat, ne croyait-il pas valoir et ne valait-il pas plus que tous les procureurs-généraux du royaume?

Quoi! le fonctionnaire qui n'obtiendrait pas quatre voix dans un collége électoral, s'en viendra au palais du Luxembourg, par la grâce des ministres, faire précisément les mêmes lois que ses concitoyens ne lui auront pas voulu laisser faire au Palais-Bourbon!

C'est une plaisante chose de croire que, parce que le gouvernement peut donner de l'argent, il peut aussi donner de l'esprit, et que parce qu'il confère des places, il peut aussi conférer de la notabilité par ordonnances. Le gouvernement peut sans doute beaucoup, mais il ne peut pas cela. L'esprit ne s'ordonnance pas, et les notables veulent bien prendre la peine de se faire eux-mêmes.

Et le service de messieurs les fonctionnaires militaires, judiciaires, administratifs, qui le fera pendant qu'ils siégeront au

Luxembourg? N'y a-t-il pas déjà assez, à la chambre des députés, de 94 fonctionnaires, sans compter les militaires? Ne vaudrait-il pas mieux dire tout de suite : La France sera désormais une monarchie ministérielle, où il y aura deux chambres, dans lesquelles ne pourront entrer que des fonctionnaires qui feront les lois, qui cumuleront tous les honneurs de l'état, et qui se partageront les utilités du budget payé par la race ilote des contribuables?

Au moins ce langage serait plus franc. Ce n'était pas la peine, en vérité, de se mettre l'esprit à la torture pour en faire sortir une combinaison aussi malheureuse.

Mieux vaut cent fois l'illimitation et l'inconditionnalité des choix, sous la responsabilité de la pudeur ministérielle!

IV. Le roi nommera-t-il les pairs à vie, sur la présentation des colléges électoraux?

Si le choix du roi ne peut s'exercer que dans une candidature restreinte, on lui présentera deux candidats ridicules, pour qu'il soit forcé de prendre le troisième.

Si le choix du roi peut s'exercer dans le cercle d'une candidature immense, alors le ministérialisme engloutira l'élection.

Dans les deux cas, surtout dans le premier, les ministres diront que, n'étant pas parfaitement libres de choisir, ils ne sont ni matériellement ni moralement responsables.

Il y a aussi une autre raison, et qui n'a pas encore été donnée, pour repousser le système des candidatures; c'est qu'on ne manquerait pas de dire un peu plus tard : Vous voyez que la machine des pairs fonctionne tout aussi bien que la machine des députés. Pourquoi ne ferait-on pas aussi des députés par candidature? Je redouterais beaucoup, je l'avoue, avec un ministère adroit et une majorité servile, ce qu'on appelle les argumens par analogie. J'aimerais autant qu'on leur en ôtât l'occasion.

La présentation électorale des candidats n'est que l'exercice d'une souveraineté bâtarde. On est à moitié dans le vrai, par l'élection populaire, à moitié dans le faux, par la nomination royale.

Enfin, une objection, applicable aux quatre systèmes précédens, c'est qu'ils violent l'une des premières règles du gouvernement représentatif, qui consiste dans l'élection, la division et le renouvellement des pouvoirs.

V. La nomination des pairs se fera-t-elle directement par les colléges électoraux?

On rentrerait ainsi dans le principe de la souveraineté du peuple.

Mais si les pairs sont nommés à vie, ils n'exprimeraient plus, au bout de quelques années, les vicissitudes de l'opinion nationale.

S'il s'établissait dans leur sein une majorité hostile, qui la briserait?

Si vous augmentez le cens électoral, vous n'aurez plus qu'une représentation monopolisée.

Si vous exigez un cens d'éligibilité trop fort, vous excluez les capacités au profit de la richesse.

Si vous pensionnez les pairs, vous dégradez la fonction et vous grévez l'état.

Si vous élevez trop l'âge, vous aurez bientôt, avec des pairs viagers, un consistoire de barbons, de sourds, d'aveugles, de paralytiques et d'éclopés.

Si vous voulez une pairie à temps, avec les mêmes conditions d'élection, de nombre, de cens, d'âge, de domicile, ou à peu près, vous aurez une doublure de la chambre des députés ; la force de l'opinion nationale, en se scindant, ne s'affaiblira-t-elle pas au profit du ministère? Dissoudrez-vous les deux chambres, à des intervalles inégaux, ou le même jour, pour les retremper à la fois dans l'élément populaire? Trouverez-vous dans l'état de notre civilisation constitutionnelle, assez de matière éligible? Pourquoi deux expressions, peut-être différentes, de la même opinion? A quoi bon mettre en branle ces deux grandes machines de chambres montées sur les mêmes ressorts?

J'ai parcouru rapidement la série des différens modes d'organisation de la pairie, depuis l'hérédité jusqu'à l'élection directe et temporaire.

En résumé :

Si vous conservez l'hérédité, vous aurez une chambre aristocratique.

Si vous laissez au roi le choix, sans conditions et sans limites, des pairs viagers, vous aurez une antichambre de cour.

Si vous renfermez le choix du roi dans une liste de prétendues notabilités, vous aurez un conseil d'état.

Si vous n'appelez que des savans, des peintres et des poëtes, vous aurez une académie.

Si vous admettez la candidature, vous n'aurez la responsabilité ni des électeurs, ni des ministres.

Si vous voulez l'élection directe et temporaire, vous aurez deux chambres des députés.

Je ne parle pas de trois autres questions accessoires : celle de l'existence des membres actuels de la chambre des pairs, celle de sa juridiction pénale et celle de ses dotations, qui viennent encore compliquer l'une des affaires les plus embrouillées que vous ait léguées la glorieuse charte de 1830.

De quelque façon qu'on s'arrange pour raccommoder l'institution de la pairie, dont les étais sont déjà vermoulus, je crains fort que tout ce replâtrage ne tombe au premier coup de truelle.

Pour construire solidement, il faudrait creuser jusqu'aux fondemens du droit antérieur, et, par conséquent, se placer hors du terrain de la Charte.

Me demandera-t-on alors où je prendrais le pouvoir constituant, si je ne le prenais pas dans la chambre des députés ? Je répondrai : où il est, dans la nation.

Me demandera-t-on quelle autre chambre je substituerais à la chambre des pairs, si je ne voulais ni de l'hérédité, ni de l'inamovibilité, ni de la temporanéité, ni de la candidature, ni de l'élection ? Je répondrai : aucune.

En effet, nous n'avons pas plus d'un roi. Pourquoi donc aurions-nous plus d'une chambre ? Le pouvoir exécutif est un. Pourquoi le pouvoir législatif serait-il triple ? La nation députe auprès du monarque ses représentans, qui, d'accord avec lui, font les lois. Ensuite, le roi exécute les lois, dont il connaît d'autant mieux la pensée, qu'il en a eu l'initiative, la délibération et la sanction.

Le roi et la chambre n'ont-ils pas la même origine ? car ils sortent tous deux de l'élection populaire. N'ont-ils pas les mêmes pouvoirs ? car ils participent tous deux, dans les mêmes proportions, à la confection de la loi. N'ont-ils pas le même intérêt ? celui de faire le bien du pays. N'ont-ils pas le même but ? celui d'exprimer, le plus sincèrement possible, la volonté générale. Pourquoi donc, entre deux individualités législatives, qui ont si parfaitement la même origine, le même esprit, la même autorité, le même intérêt et le même but, interposerait-on une troisième individualité, qui ne ferait que ralentir et gêner l'unité de leur action?

N'y a-t-il donc pas d'objections contre une chambre unique? Si, il y en a; mais elles ne sont pas irréfutables. Je le ferai voir en son moment et en son lieu. Au surplus, la solution n'en appartiendrait qu'à un congrès national. Un congrès national! serait-ce donc là qu'il en faut toujours revenir?

Imprimerie de Sétier, rue de Grenelle-St-Honoré, n° 29.

www.ingramcontent.com/pod-product-compliance
Ingram Content Group UK Ltd.
Pitfield, Milton Keynes, MK11 3LW, UK
UKHW020351250726
13967UKWH00005B/2228

9 782012 871250